「カエルの楽園」が地獄と化す日

●目次

第3章 中国はなぜ日本侵略を企むのか

第6章　日本が中国に占領されるとき

はじめに

百田尚樹先生とのこの対談本の文庫化が進められている最終段階で、中国発の大災難が日本と世界全体に降りかかった。

二〇一九年の暮れに中国湖北省の武漢市で発生した新型コロナウイルスは、中国全土を席巻《せっけん》しただけでなく、それこそ海を越え山を越えて地球上に拡散し、世界各地で猛威を振るうこととなった。この原稿を書いている二〇二〇年三月六日現在、中国を含めた世界各国で確認された感染者数が十万人に迫り、日本国内で確認された感染者数も千人を超え、十名以上の方々が尊い命を失った。そしてこの時点で、日本はすでに中国・韓国・イタリアに次いで感染者数が四番目に多い国となり、世界各国から「感染大国」の一つと見なされ、日本への渡航の回避を国民に呼びかける国、あるいは日本からの渡航を制限する国も出た。日本国内では、二月二十七日に安倍晋三首相が全国の公立小中高学校の臨時休校を要請するなど、新型コロナウイルスの蔓延《まんえん》が日本国民の正常な社会生活を脅かすようになっている。

中国発のウイルスは最終的に、日本国民にどれほどの犠牲をもたらし、日本の経済と社会にどれほどのダメージを与えるのか。この原稿を書いている時点では未知数だ。確実に言えることは一つ、新型コロナウイルスの伝来と拡散は日本にとってとんだ災難、文字通り、中国から飛んできた災難なのである。

歴史的に見れば、中国大陸は常に日本にとってのトラブルの元であり、今回の例もその典型的な一つであろう。しかし今回、われわれが最も衝撃を受けたのは、現在のわが国日本が、大陸からの災難の襲来にあまりにも無防備であり、危機意識があまりにも薄いことである。中国政府が新型コロナウイルスの拡散を防ぐために、武漢という一千万人都市を封鎖する前代未聞の非常措置を断行したのは二〇二〇年一月二十三日のことである。この措置が取られた意味は、ウイルスが武漢とその周辺にすでに蔓延していて、中国全土にも当然拡がり始めていた、ということである。

もちろんそれは、隣国の日本にとっても由々しき事態の発生を意味していた。一月二十四日の中国の春節前後から武漢やその周辺、そして中国全国から多くの観光客が日本にやってくるからだ。大量の中国人観光客の日本入国に伴い、コロナウイルスが日本全国各地に持ち込まれることは必至だった。つまり日本にとって、まさにその時点が、ウイルスの侵入を食い止める最重要の時期の始まりだったのである。しかし残念ながら日本政府の対応は、生ぬるいというよりほとんど無能無策だった。

二月二十四日、安倍首相のもとで新型ウイルス対応の「関係閣僚会議」が開かれたが、驚くべきことに、会議はこれといった対応措置をほとんど打ち出さなかった。総理は一応、「検疫における水際対策の一層の徹底」を指示したが、その中身はせいぜい、空港で熱を感知するサーモグラフィという装置を使って感染の可能性がある人を見極めようとする程度だった。発熱していない多くの感染者がスイスイ入国できたことで、その後の日本国内での感染拡大を招いた。

一週間後の一月三十日、世界保健機関（ＷＨＯ）はとうとう、新型コロナウイルスについて「世界的な緊急事態宣言」を出した。それを皮切りに、アメリカ、ベトナム、シンガポール、オーストラリア、ニュージーランドなどの国々は続々と、中国全土からの入国禁止に踏み切った。それらの国々は中国とさまざまな人的・経済的交流があるため、入国禁止措置は当然、各国に多額の損失をもたらすこととなろう。しかし、各国政府はそれでも自国民の健康と命を守ることを第一義に考えて、断固とした措置をとったのだ。

その中でわが日本国政府はどうしたか。安倍首相は三十一日、外国人の日本への渡航を制限する方針を表明したが、それは武漢市を含む湖北省に滞在歴のある外国人、あるいは湖北省発行の中国旅券所持者に限っての入国禁止であった。

このような限定的な制限措置は、中国全土からの入国を禁じた上述の各国政府のそれと比べ、まさに雲泥の差があり、生ぬるいというしかない。この時点で、中国全土の八十以上の都市で外出制限令を出していたことからわかるように、コロナウイルスはすでに中国全土で広がっており、武漢を含む湖北省からの入国を禁じただけではあまり意味がない。結果的に二月に入ってからも、中国から多くの人々が日本に入国し続けた。

日本とほぼ同様の生ぬるい入国制限措置を取ったのは隣の韓国であるが、その結果韓国と日本は、新型コロナウイルス感染者数の多さを競い合うことになった。つまり韓国と日本政府は、中国全土からの入国を禁じる断固たる措置を取らなかった結果、中国発の災難に巻き込まれ、図らずも新型コロナウイルスの「感染大国」になってしまった。挙げ句の果てには、コロナウイルスの「輸出国」であるはずの中国の北京市・威海市政府は何と、日本と韓国からの訪問者を十四日間隔離する措置をとるようになった。

日本政府は三月五日になってようやく、中国・韓国からの全面的入国禁止措置を実施した。この一カ月以上、中国の大部分の地域からの入国を野放しにしたため、国内ではウイルス感染者が日増しに広がり、感染のひどい北海道に至っては二月二十八日にとうとう「緊急事態宣言」を出してしまった。

日本政府はなぜ一カ月以上も、アメリカやベトナムやシンガポールなどの国々と同様の中国全土からの入国禁止に踏み切れなかったのか。実は私自身や、対談相手の百田先生などは一月下旬から終始一貫して、日本国民の命を守るために中国全土からの入国禁止措置をとるよう政府に求めていた。しかしわれわれの声は結局、政府の耳にはなかなか届かなかった。その間日本国政府は、ウイルス侵入を食い止める最も有効な手段をとることを拒否していたのである。その理由は何か。一つ考えられるのは、中国の習近平国家主席を国賓として迎える準備を進めていたため、日本政府は中国へ配慮し、中国全土からの入国禁止にあえて踏み切らなかったことである。

国賓招待の延期と中国・韓国全体からの入国制限が同じ日に発表されたことから察するに、日本国内でウイルスの感染が拡大している最中も、全国の小中高が休学に追い込まれた状況下でも、どうやら日本政府は、習主席の歓迎を最優先事項と位置付け、そのためにはウイルスの侵入に目を瞑ってよい、ということになっていたようだ。中国からの災いに無頓着な政府、中国にそれほど配慮する政府は、ある意味、日本の戦後史上、稀に見るマヌケな政府であろうが、危機意識の薄さは政府と政権与党に限った話ではない。新型コロナウイルスが日本全国で拡大している危機的な状況下でも、日本の野党は国民の命に関わる大問題にまるきり関心がなかった。二〇二〇年一月から二月にかけて、ウイルスの猛威が世界と日本を席巻している最中も、野党は国会で「桜を見る会」問題の追及に終始し、政府のコロナウイルス対策を質《ただ》す動きは皆無だった。この悲惨な状況を目の当たりにして、私と対談相手の百田先生は共に大変な危機感を覚えた。このような日本政府のあり方、このような野党と国会のあり方では、日本という国は、外部からの脅威から国民の安全を守る危機管理が全くできないのではないか、という深刻な危機意識である。

二〇一六年十一月、私と百田先生は、現実味を帯びてきていた中国の軍事侵略の危機的状況を訴えるため、『「カエルの楽園」が地獄と化す日』という対談本を世に問うた。それから三年以上が経つが、中国の軍事的脅威は相変わらずだ。今でも、機関砲で武装した中国の公船が、ほぼ毎日、尖閣諸島周辺の日本の接続水域に侵入してきて、日本の領海を公然と侵犯するのも常態化している。しかし、中国のこうした準侵略行為に対し、日本政府も政権与党も、国会も野党も全員が慣れっこになってしまい、見て見ぬ振りをしている。そして政権与党と政府は、よりによって、日本の領海を自由に侵犯する国の国家元首を国賓として迎えようとしている。これで日本の領海、領土、主権が守れるはずがない。新型ウイルス対策での政府の無能無策を見れば、外部の脅威から日本を守る気概と決意があるとはとても思えない。われらの「カエルの楽園」は、中国からのウイルスの侵入にも軍事脅威に対しても、全く無防備なのである。

それでもわれわれ一般国民は、中国の軍事力の脅威や中国から飛んでくる災難を、ただ目を瞑って看過するわけにはいかない。新型ウイルスの拡大が現にわれわれ全国民の生活と生命を脅かしているように、われわれ一般国民こそが、中国の軍事的脅威と、今後も中国から繰り返し襲ってくるあらゆる災いの最大の被害者となるからである。

従ってわれわれはまず、今回の新型ウイルス侵入と蔓延の一件から大きな教訓を得て、国民自身の危機意識を高めていかなければならない。そしてわれわれの危機感を、選挙などの民主主義的手続きを通して政治に反映させ、この国の政治のあり方を徹底的に変えていかなければならない。われわれに必要なのは、習近平ごとき者に配慮して日本国民の安全を蔑《ないがし》ろにする政府でもなければ、日本の国家的危機に無関心な野党と国会でもない。日本の主権と領土、日本国民の生命と財産を断固として守りきる政府であり、国会であろう。言論の自由や選挙権など民主主義的諸権利を生かして、国会と政治を変えるのがわれわれ国民の責務である。そのためにわれわれ自身が、日本の置かれている危機的な状況をしっかり把握して、緊張感を持たなければいけない。

三年前に百田尚樹先生と対談した『「カエルの楽園」が地獄と化す日』は、まさにこうした国民の皆様の危機意識を促すために上梓した一冊だったが、日本の危機がさらに深まった今、新しい内容を盛り込んで文庫として再刊されることは実に嬉しい。この一冊を通して、多くの読者の皆様の危機意識を高め、日本政治の変革を促すことこそ私の本懐であり、心から願うところである。

ぜひ、皆様と共に日本の政治を変えていきたい。そして、この愛すべき良き国・日本を最後まで守り抜いていきたい。

令和二年三月六日　奈良市内・独楽庵にて

石　平

第1章

なぜ、安倍政権は中国に何も言えなくなったのか

新型肺炎でわかった、絶望的な危機管理能力

百田　二〇二〇年一月、中国で新型コロナウイルスによる肺炎患者が爆発的に増えるという衝撃的なニュースが入ってきました。春節で中国人観光客が大量に来日すれば、日本でもパンデミックが起こる危機があるにもかかわらず、官邸は中国人観光客の入国を一カ月以上も止めようとしませんでした。私は信じられない気持ちでした。政府は国民の命をなんだと思っているのか！　この国の政治家はカエルの脳みそか！

石平　中国渡航歴のない日本人が国内で次々に感染し、死者まで出たのに、中国全土からの入国禁止になかなか踏み切れなかった政府に憤りを感じます。

百田　三月に入ってようやく中国からの渡航を実質的にほぼ全面的に止めましたが、私は武漢市が封鎖された時点で、安倍政権がただちに中国人観光客をストップする措置を取らなかったことに、失望以上のものを感じています。あの時、中国人観光客を全て止めることは様々なリスクがありました。もし仮に感染がこれほどまでに拡大しなかった場合、各方面から猛烈な批判を浴びる。しかし、それを覚悟のうえで決断し実行できる

政治家こそが本物の政治家だと思います。危機の時こそ政治家の真価が問われる。真の政治家が日本にいないのが残念でなりません。

石平　一月二十三日未明から、湖北省武漢市の空港、鉄道の駅、高速道路が人民解放軍によって封鎖されましたね。

百田　それを聞いて、カミュというフランスの大作家の『ペスト』という小説を思い出しました。オランという架空の街でペストが発生し、鎮圧まで完全封鎖された街で、人々はいつ死病にかかるか待ちながら過ごす極限状態を描いた内容です。現実には起こり得ない設定の一種の寓話ですが、まさか二十一世紀の世界で、それが現実に起こるとは夢にも思いませんでした。

石平　そうです。武漢では患者数が多すぎて医療体制が崩壊し、重症者は適切な治療を受けられずに、ただ死ぬのを待つ状態です。一般人も病院に行って新型肺炎を疑われたら、二度と出られない収容所に入れられるのを恐れて病院にも行けません。初動対応に完全に失敗しました。

百田　私は「中国政府が武漢を封鎖した」というニュースを見た瞬間、「これはとんでもない状況だ」と直感しました。一千万人都市の封鎖の影響は、人的コスト、経済損失、国際的なイメージダウンなど、はかり知れません。それでも封鎖を決断したということは、事態がどれほど重大かを物語っています。

石平　全国的拡散が避けられない理由の一つは、大都会武漢の特別な地理的条件にもあります。中部の鉄道網がほぼ集約されている交通の要衝で、東西南北へ延びる〝十字路〟の真ん中に位置するのが武漢です。交通網を通じて、すでに新型肺炎が中国全土に飛び火した結果、中国政府は現在、浙江省杭州、河南省鄭州、江蘇省南京、浙江省寧波、黒竜江省ハルビン、江蘇省徐州、福建省福州など八十以上の都市で、住民の移動を制限する都市封鎖を実施しています。

百田　今回、日本政府は緊急事態への危機管理がまったくできない国であることを露呈《ろてい》し、私は絶望的な気持ちになっています。全体主義で人権もない国で謎のウイルスが大流行し、一千万人都市が次々に封鎖されているのに、ほとんど制限なく受け入れるのは、どう考えてもおかしい。

石平　そのときに断固とした措置を取らなかったことは、後になって安倍政権の命取りになるかもしれません。

百田　武漢が封鎖された時に、多くの著名人やメディアが声を上げていれば、政府も動いたかもしれません。しかし、「中国人観光客を止めるべきだ」と発言していたのは、ほんの数人しかいませんでした。

石平　私はツイッターで一月八日に警戒を呼びかけ、何度も「春節前に中国人観光客の来日を禁止すべき」と声を上げましたが、政府には届きませんでした。

百田　石平さんは最も早い時期に警鐘を鳴らした一人です。私も一月二十二日、武官が封鎖される前日に、「中国からの観光客を全面的に止めるべきだ」とツイートしています。しかしそうした危機を抱いた人は非常に少数でした。

人は想定外の悪い事態に直面すると、「たいしたことにはならないはずだ」と思い込む「正常化バイアス」に陥ります。今回、日本政府もメディアも一般大衆も「正常化バイアス」にかかったと言えます。しかし総理大臣や厚生労働大臣までもが、一般人と同じレベルでは困るのです。「今回のウイルスは致死率三%だからそれほど怖くない」と言う人がいましたが、仮にそうだとしても、感染率五〇%なら日本人は百八十万人、二〇%でも七十二万人が死ぬ計算です。仮に東京で一%の人が罹患したら患者は十四万人になり、都市機能は麻痺《まひ》し、経済もガタガタになります。その恐怖と深刻さがわかる政治家がいないことに愕然《がくぜん》とします。

石平　それでも朝日新聞は中国人の入国を止めてはならないと、「中国人を排除するより、ともに手を洗おう」とか、「中国客への依存、思い知った」と書いていて、怒りを感じました。

百田「安倍政権は経済を選択した」という人もいますが、日本でパンデミックが起きたら、カネも命もなくなる。それがわからない政府も自民党も、バカばかりです。そこを追及せず、「桜だ」なんだと延々とやっている野党やメディアはもっとバカ。私は従来から「自民党・公明党の議員の八割はクズ、ただし野党議員は十割クズ」と言ってきましたが、今回のことで、自民党・公明党もほぼ十割クズに近づいたと言えます。本当に情けない！　そして私を含めて、そんな政治家を選んだ国民の責任も大きいと感じています。

石平　各国は素早く、厳しい入国制限に踏み切りましたね。

百田　米国、オーストラリア、ニュージーランド、シンガポールは中国渡航を禁止し、過去二週間以内に中国全土を訪問した渡航歴がある外国人の入国を禁止しています。ロシアも国境を閉鎖し、武漢から帰国した人はシベリア送りで二週間隔離される。北朝鮮のような最貧国で、中国からの観光客でなんとか食いつないでいるところでさえ、中国の観光客を止めたんです。日本政府の対応は明らかに甘い。

石平　本当に危険な状態です。日本入国時に、湖北省発行の旅券のみチェックされ専用通路に通されますが、それ以外の旅券で日本に入り、十四日間以内に湖北省と浙江省に行ったことがないと申告すれば、普通に入国できる状態でした。飛行機代、ホテル代をもう支払っているのに、今さら正直に自己申告する中国人はいません。あの中国に帰国させられるかもしれないわけですからね。

百田　日本政府は「水際で食い止める」と宣言しましたが、その水際作戦というのが、自己申告者だけを検査するというものです。誰が自己申告するというのでしょうか。アホとしか言いようがありません。

こういう時こそ、政府は果断に決断しなければならないのに……。日本政府はまともに機能していません。政府や厚労省、感染症の専門家である研究者、マスコミまで、すべてが中国の顔色を窺《うかが》い、忖度《そんたく》して動いているように感じます。

今回の安倍政権の対応を見ていると、憲法改正など絶対にできないと確信しました。私の死後何年かしたら、日本は中国に乗っ取られるでしょう。平時なら誰でも政治家をやれますが、乱世では政治家によっては国が滅びます。

今回、仮に新型コロナウイルスの感染爆発がなかったとしても、日本政府は危機管理能力が欠如しているということが露呈してしまいました。日本の対応を、中国、韓国、北朝鮮はきっちりと見て、徹底的に分析しています。これは恐ろしいことですよ。

あれから三年半、事態はさらに悪化した

石平　日本の危機的な状況に警鐘を鳴らした、次章以下の対談（二〇一六年）から三年半が経過し、状況は大きく変わりました。

百田　はい。中国の領土的野心や軍事的脅威を放置したまま、対中外交は腰くだけになり、日本人はいっそう無防備になりました。状況はさらに悪化しています。

石平　そう。二〇一九年から二〇年は、機関砲を搭載した中国海警の公船が、ほぼ毎日、尖閣周辺の日本の接続水域に侵入し、月に数回は領海侵入しています。こうしたパトロールが日常となったこの海域では、中国の海上法規の適用が既成事実化しているのに、日本人はもう反応しません。二〇一八年に、中国海警はそれまでの国家海洋局隷下から、指揮系統の変更で、中央軍事委員会の指揮下である武警部隊の隷下の軍事組織になりま

した。あれは事実上、中国軍の船なのです。

さらに心配なのは、中国というウシガエルが二〇一七年以降、友好の仮面をかぶって日本に接するようになると、日本人が警戒感をもたなくなったことです。これこそ最悪の事態ではないか。百田先生と徹底的に話し合いたく、追加の対談をお願いしました。

百田　最大の変化は、アメリカの対中政策の変更です。トランプ政権になって、さすがに中国の膨張を止めなければいけない、このままではまずいと、遅まきながらアメリカも気がついた。

アメリカはもちろん、中国に対して軍事行動を起こすわけにはいきません。戦争になりますから。軍事行動以外の手段で、中国の膨張を止めるにはどうするか。まず中国の経済力を削ぐ取り組みを、アメリカが主導して世界中で実行しています。

それを見て、これはヤバいと察した中国は、いつものように、まず日本から懐柔しようと、対日戦術を変更しました。これは一九八九年の天安門事件の後と同じ流れです。

石平　その通りです。前回私たちが対談した二〇一六年夏、中国は、日本への軍事的恫喝をエスカレートさせていました。ところが翌年にかけて、次第に動きが静まり、日本に関係改善の姿勢を見せ始めます。国際環境にどんな変化があったかといえば、二〇一六年十一月にトランプが大統領選に勝利し、翌一七年一月にトランプ政権が誕生したことです。トランプは就任直後、台湾の蔡英文総統に電話し、南シナ海で航海の自由作戦を展開します。そして中国に貿易不均衡の問題を提起し、貿易戦争の準備に入りました。

それを機に、中国の日本に対する態度が変わったのです。露骨な軍事的恫喝を繰り返していた二〇一六年の段階で、尖閣を奪う計画は既に立案され、あとは実行命令を待つだけだったと思います。いつでもやってしまえる状態でした。

しかし、百田先生のご指摘の通り、二〇一七年のトランプ政権の登場で、状況は完全に変わり、尖閣どころではなくなりました。二〇一八年になると、アメリカは貿易戦争に踏み切り、関税を引き上げ、全面的に対立を深めます。為替操作国の認定、国有企業改革の要求、先端技術の窃盗やサイバー攻撃の停止を求め、ウイグルやチベットの人権を問題視するなど、あらゆる圧力をかけました。アメリカの貿易戦争に圧倒されていく一連の流れの中で、中国というヤクザ国家が日本への態度を豹変させたのです。

それまでの軍事強硬路線を、しばらくのあいだ隠し、方針転換を図ります。南西諸島奪取への野心を放棄したわけではまったくありません。昔から何度もやってきた、手順の入れ替えです。ソフトな顔で世界を騙すのは、韜光養晦《とうこうようかい》で成功済みです。これは天安門事件での国際的孤立を打開するため、最高指導者だった鄧小平が指示した「爪を隠して国際社会を安心させ、ひそかに力を蓄える」外交・安保方針で、世界中をうまく騙しおおせました。もう一つは、百田先生のいうように、日本を手なずけること。天安門事件後に日本に助けを求め、まんまと成功したからです。

百田　民主化運動を残虐に弾圧した天安門事件を見て、国際社会は「中国は許せない」という空気に変わりました。やはり中国は共産党独裁国で、人権弾圧国家だった。民主化を期待していただけに、中国に厳しい態度を取ります。

世界から白い目で見られた中国は、日本にすり寄ることにしました。もし日本がここで、厳しい態度をとり続けていたら、当時の中国は、国際的にも経済的にも、かなり苦しかったと思います。ところが経済制裁を解除し、あろうことか天皇陛下を訪中させてしまいました。

石平　そうです。天安門事件の後、先進国はみな経済協力を中止し、人も投資も引きあげて、中国に経済制裁を科した。ところが先進国の中で、天安門事件後わずか一年で、真っ先に中国への経済制裁を解除したのは、わが日本国だったのです。

百田　そうです。中国の思惑に完全に乗せられてしまいましたね。

石平　一九九〇年十一月には円借款の凍結などを解除してやり、引き換えの条件をつけることもしませんでした。たとえば歴史問題で今後内政干渉しないよう中国に求めることも、尖閣問題での無茶な領土主張の撤回を求めることもなかったのです。

最悪だったのが、宮澤喜一内閣への働きかけが成功し、天皇陛下を訪中させたことでした。江沢民政権の対日工作の最大の成果です。政府が決定したら、陛下は従うしかありません。一九九二年十月、天安門事件からわずか三年後に、天皇陛下が北京を訪問され、中国は一気に天安門の負の影響を克服して、国際社会への復帰を果たしました。銭《せん》其琛《きしん》元副首相は、日本が西側の経済制裁を打破する際の「最もよい突破口」になったと回想し、「天皇がこの時期に訪中したことは、西側の対中制裁を打破するうえで、積極的な作用を発揮した」（『銭其琛回顧録』）と述べています。

百田　そう。日本が先導してやったわけです。なぜそんなことをしたか。中国市場に進出したい経済界が、中国との関係改善を要望したこともあるでしょうが、何より日本人の認識が甘かった。中国はどうも日本を仮想敵国としているようだが、ここで手を差し伸べてあげればきっと心を開き、友好親善の態度に変わるだろうという、甘い認識があったと思います。

名前は伏せますが、ある大臣からつい最近、直接聞いた話があります。私が「中国人の留学生を、日本が国費でどんどん受け入れているのは、問題がある」と言うと、その大臣は「いや、留学生が日本に来れば、日本の良さが分かって、帰国後に、非常によい効果がある。将来出世した時、とても親日的な官僚や政治家が生まれると思う」と答えました。甘い。元中国人の石平さんの前で言うのも何ですが、中国人に対してこれは甘いですよね。

石平　留学させた効果は、むしろ正反対と言っていいと思います。現実はむしろ逆で、日本に留学経験のある人物が、中国政府内で出世するためには、他の人よりも強く反日の姿勢を打ち出さなければ、まず不可能です。

百田　そう、日本のスパイと疑われ、籠絡されたと思われないように、中国に忠誠心を示そうとして、より一層、反日になるわけですね。

石平　しかも、日本で文部省の国費留学生として奨学金をもらっていたら、その分だけ、自分は日本人に買収されていないことを証明しなければならない。

百田　ですから日本は、国民の税金を使って、中国人の反日官僚、反日政治家の卵を一所懸命育てたことになる。石平さんのような人は、例外中の例外です。

石平　私も一応、文部省の奨学金を月十八万円、四年間いただきました。返済の義務もありません。

百田　返してと言いたいところですが、日本のためになるように使われたなら、つまり石平さんが今後も日本のためにがんばって活躍してくれるなら、何も言いません。

石平　わかりました。問題はここです。日本は今でも、そういう甘い幻想から、まだ抜けていないのです。アメリカは甘さを克服して、はっきり反中国の一線を越えました。この数年の対中政策の変化、特にトランプ政権になってからの変化を見ますと、中国に警戒心を抱くのは、もはやトランプ大統領だけではなく、民主党か共和党かを問わず、米政界のコンセンサスになりました。

その代表例が、米中冷戦の開始を宣言したペンス副大統領の二〇一八年十月と一九年十月の対中演説です。アメリカ人はかつて、日本人と同じように、ずっと中国に対して甘い期待をかけていました。中国の近代化を応援し、経済発展を支援しよう。中国が経済的に繁栄して、中産階級が大きく増えて豊かになれば、彼らは政治的自由を要求するようになり……。

百田　民主主義の国になるだろうと思ったんですね。

石平　そう期待したのが裏目に出て、結果は正反対になりました。

百田　カネをふんだんに持つ一党独裁国家という、「最悪の国家」になりました。

石平　中国経済が発展するほど、共産党政権はより一層、独裁的な傾向を増し、対外的な覇権主義を強めていきました。貧乏な時は影響力が限られていましたので、世界にそれほど悪さを発揮できませんでしたが、金持ちの独裁国家は、もうやりたい放題です。

百田　はい。世界中の国に害悪をまき散らしています。ソ連は一党独裁でしたが、基本的に国は貧しかった。軍事力だけでは隣接する衛星国にしか通用せず、それ以外の世界の多くの国々には影響を与えられませんでした。泣いたのはもっぱらソ連と衛星国の国民だけでした。

石平　中国人民も塗炭《とたん》の苦しみを味わいました。

安くなった日本と日本人政治家の買収

石平　トランプ政権が誕生して以降、アメリカの対中認識はほぼ一変して、中国こそアメリカにとって最大の敵であり、中国に何を期待しても無駄と変わりました。貿易戦争に踏み切り、追加関税を発動し、ウイグルの人権問題、台湾問題にも、アメリカはますます関与を強めています。さらに習近平は、5Gの問題でもファーウェイ製品の追放などで、追い詰められていきます。政権肝煎《きもい》りの一帯一路構想も、アメリカだけでなくEUですら「新植民地主義」だと批判・警戒するようになりました。

百田　ほぼ破綻状態と見ていいでしょう。

石平　そうです。アジア諸国からも反発が起きるようになり、国内経済も悪くなる一方の習近平政権が、現下の危機的状況から脱出するため、また江沢民政権と同じことを考えつきました。日本を徹底的に利用することです。

二〇一七年以降、習近平の態度が変わります。それまでは安倍首相と、国際会議の場で何度も顔を合わせるたび、仏頂面で威圧的な、無礼な態度を取っていたのが、この年から態度が一変するんです。わかりやすいと言えばわかりやすい。

たとえば十一月十一日、ベトナムのダナンで開催されたAPECの会議で、習近平と安倍首相が会談した際の中国メディアの書きぶりを見てみましょう。「習主席が安倍首相に微笑み、友好の姿勢を示した」。あるいは香港の新聞記事によれば「日本と中国の指導者は握手を交わし、笑顔を見せ、新しいスタートを約束した」。別に安倍さんは何も変わっていないし、新しい約束もしていないのに。

百田　習近平側の勝手な言い分です。

石平　中国側が一方的に舵を切った。翌一八年に入ると米中貿易戦争が本格的に始まります。すると、中国はこの年から対日工作を全面展開させていきました。まず五月に、李克強首相が日本を訪問し、あちこちで笑顔をばらまきます。しかも東京よりも北海道で、多くの滞在時間を費やしたのです。

百田　あれも警戒すべきことでした。

石平　秋には習近平政権が、初めて安倍首相を賓客として中国に招待しました。当然そこで、習近平の国賓招待を持ちかけたのでしょう。対日工作の目標の一つが、習近平の国賓訪日です。その意味については後ほど、百田先生ときちんと議論したいと思います。

　中国はこの数年間、日本という国を陥落させるために、軍事力よりもチャイナマネーによる制圧を優先させるようになりました。最近、日本の国会議員に中国企業が堂々と賄賂を贈っていたことが明るみに出ましたね。我々の知らないところで密《ひそ》かに、お金や影響力を使って、日本の二の丸、本丸を一つひとつ落としていく。その工作が、残念ながら非常に成功を収めています。三年前に百田先生と対談した時よりも、事態はさらに深刻になっていると思います。

百田　その通りです。付け加えるなら、移民も増えています。

石平　令和元年で八十万人近い中国人が、日本に中長期滞在者として在留しています。

百田　もともと中国は、軍事力と経済力の両面作戦で攻勢をかけていました。方法は何であれ、日本を手に入れられればいい。軍事力で脅す一方で、経済的に日本を乗っ取る。さらに、日本の法律の不備をうまく突く。日本では外国人でも自由に土地を買って所有できますから。自由経済や民主主義の制度を利用して、中国の影響力をじわじわと高め、日本人が抵抗できないようにしていく。

日本は長い間、世界一土地の値段が高い国でした。アメリカよりも地価が高く、バブルの時は、東京の山手線内側の土地の値段で、アメリカ全土が買えるぐらい高かった。ですから、外国人は日本の土地を買えなかったし、買う経済的なメリットもなかったので、法整備が遅れたんです。ところが、ここ二十年で日本の地価は、世界レベルで相対的に見ると、急速に下落していて、法の不備で外国人が日本の土地を買い放題になりました。

石平　特にこの数年間、マスコミでも時々取り上げられる北海道の土地の買収が、自衛隊基地周辺も含めて、大規模に進んでいます。沖縄では基地反対派の玉城デニー知事が当選し、中国の進出を大歓迎しています。玉城知事は、河野洋平氏が会長を務める日本国際貿易促進協会の訪中団の一員として二〇一九年四月に訪中し、会談した胡春華《こしゅんか》副首相に「一帯一路に関する日本の出入り口として沖縄を活用してほしい」と提案したと記者会見で明かしました。尖閣問題については「中国公船が周辺海域をパトロールしていることもあるので、故意に刺激するようなことは控えなければならないと考えている」と発言しています。軍事的恫喝を続けて、中国はもう止められないという諦めムードを醸成しつつ、北海道と沖縄の両方を取る工作が進んでいます。

百田　危機的な状況ですね。最近明るみに出たIR汚職事件も北海道関連でした。

石平　北海道の留寿都《るすっ》でIR事業を進めたい中国企業「500ドットコム」の代理人が、議員会館でIR担当内閣府副大臣だった秋元司議員に三百万円、元政策秘書に五十万円を渡したとされます。中国の一企業が、日本の国会議員を、わずか数百万円の金で買収して、自社に有利になるよう動かすことができる。

百田　国会議員も安くなったものです。

石平　中国共産党にとって、議員一人あたり数百万円なんて、はした金ですよ。一人一億でも簡単。共産党の金庫からすぐに出せる金額です。

百田　本当にそう思います。今、与党議員が衆議院で三百十三人、参議院で百四十一人ですが、彼らに一人十億円渡しても、約四千五百億円です。もしそれで工作できるなら、中国共産党にとってはたかが知れた額でしょう。

石平　もしカネで日本の与党が買収できるなら、問題は、単に中国の一企業と一議員の許認可権限をめぐる癒着ではなくなります。あれはただの氷山の一角ということですから。日本の政権与党が、そっくり中国に買収されたらどうなるか。私から見れば、軍事攻撃以上の脅威です。

百田　そう。もし本当に国会議員が数百万、数千万のはした金で買収されるなら、外務省や内閣府など政府関係者の役人も、すでに買収されている可能性があります。私が本当に怖いのは、今回の秋元議員のように、そんなに権限も力もない議員たちや下っ端の若い議員たちにも、中国はカネを渡してきているんじゃないかということです。もしその議員がやがて役職についたり、大臣になったりしたら、その時にそれまでに渡していたカネが威力を発揮する――。もうひとつ怖いのは、自衛隊幹部の買収です。自衛隊員はそれほど高い給料をもらっていませんから、たとえば一億円積まれたら、情報を渡す人が出ないとも限らない。

石平　すでにイージス艦などの防衛機密を、中国人に漏洩した事件が起きています。日本の防衛が崩れるだけではなく、日米同盟そのものが崩壊する可能性もあります。

百田　その意味では二〇一三年に成立した特定秘密保護法は、ぎりぎり間に合ったと思います。日本の人権派やリベラル派は大反対して、朝日新聞は連載で映画監督や小説家に、この法案が成立したら私たちは自由に映画を作れなくなる、自由に小説が書けなくなるとめちゃくちゃなことを書かせましたが、あの法律は、軍事機密を手にしている公務員、たとえば自衛隊員が機密を漏洩した時に罰せられるもので、一般人は全く関係ないんです。前国会議員の西村眞悟さんは、「罰則が軽すぎてダメだ、最高刑は死刑にせよ」と言っていました。本当はそれくらい厳しくしないといけません。

石平　その話で、秦の始皇帝を思い出しました。始皇帝の中国統一前は戦国時代で、中国大陸に韓、魏、趙、斉、秦、燕、楚の七つの国が並立していました。秦は最も西に位置して、今の西安あたりを根拠地とする、もっとも野蛮で軍事力が強い国です。他の六国をすべて滅ぼし、帝国を作ったわけですが、どうやって滅ぼしたかというと、戦争と買収です。

軍を動かして、六国を一つずつ撃破していくと同時に、他の国には商人に扮した工作員を送り込み、大金をばらまく。王様以外の王妃、大臣、王族、そして将軍を片っ端から買収する。秦が攻めてくる前から、王様の耳にはなんの情報も入らなくなり、いざ戦争となると、家臣はみな、降伏しましょうと言う。そうやって軍事力をうまく使い、攻略しました。ポイントはここです。秦が征服した後、買収した各国の大臣を皆殺しにして、贈った賄賂を回収しました。今、日本で進んでいるのも同じプロセスですよ。カネを受け取る政治家はこのエピソードを知っておいて欲しい。

百田　中国には昔から孫子の兵法があり、最上策は戦わずして勝つことです。実際、中国軍は弱いので、過去百年、対外戦争で勝ったことがありません。中越戦争ではベトナムにも負けました。ですから日本やアメリカと事を起こしたくないのが本音です。戦わずして勝つ、軍事力を使うぞと見せかけて、別な方法で奪うのが、中国の理想です。

石平　そこで日本はどうなるか。まず台湾人と香港人に学ぶべきです。二〇二〇年一月の台湾総統選に向けて、中国はあの手この手を使って、台湾の政界とマスコミに買収工作をかけました。

百田　国民党があれだけ伸びた原因ですね。

石平　二〇一九年にオーストラリアに亡命した王立強という中国人が、自分の関わった台湾工作の実態を暴露しました。主要メディアには幹部一人当たり数千万円のカネを毎年渡し、蔡英文総統への攻撃と世論誘導を依頼。一八年の統一地方選には数億円を投じて国民党を応援、高雄市長候補の韓国瑜《かんこくゆ》を当選させました。総統選でも多額の買収資金が入り、韓国瑜が有利になるよう誘導した。それでも、台湾国民は蔡英文を選びました。

香港での民主化要求デモの弾圧が、中国共産党の怖さを台湾国民に改めて認識させ、とどめは習近平が二〇一九年十月、台湾を一国二制度で統一するとバカなことを言って、結果的に蔡英文の再選を助けました。しかし、それまでは危なかったのです。

百田　その少し前の香港デモが大きかった。あれがなければ、総統選挙はどうなったかわかりません。

石平　中国共産党は、政治も経済も社会も、香港の権力を全て握っています。香港の親中派指導層は中国共産党に完全に買収され、脅されて押さえつけられている。それでも香港の若者は敢然と立ち上がって反抗し、今なお治まりません。大きな歴史的成果です。

百田　国民党政権になって統一すれば、台湾は第二の香港になり、どれほど恐ろしいことになるかわかりました。台湾にとって香港は身近な問題です。欧米諸国もデモを後押ししました。アメリカ議会は、ほぼ全会一致で香港人権法を決議しました。

石平　上院も下院も、圧倒的支持でした。

百田　共和党も民主党も一致したのです。イギリスも外相が「返還後五十年間、香港の高度な自治と法治国家を約束した」中英共同宣言の順守を強く求め、圧力をかけました。ところが日本の国会では香港デモの議論すらしません。世界からは、日本は中国の属国に見えます。

石平　日本は民主主義の理念と価値を尊重しない国と映ります。

百田　恥ずかしいことです。ですから日本の議員の劣化はすさまじい。同じ時期に、与党議員が中国の小さな企業にたった三百万円で買収されていたわけですから。

政治家・マスコミ・国民の重い責任

石平　香港デモを契機に、欧米人も台湾人も、中国への脅威認識を深めました。唯一、香港デモに他人事のように無関心だったのは、わが日本国の国会議員です。国会で何らかの意思を表明する議案すら、誰も出さなかった。なぜ中国に遠慮するのでしょうか。

百田　日本は世界の国々と違い、戦後長い間、国際的な軍事的緊張感を実感せずに生きてきました。それを憲法九条による平和と言うバカが大勢いますが、実態はアメリカの核に守られていただけです。長い間、北朝鮮や中国も、軍事的脅威ではなかったし、経済的にも何の脅威もありません。日本の仮想敵国はソ連だけでした。日本にはアメリカの基地があり、アメリカの核もあったため、直接の軍事的脅威にさらされることなく済みました。

日本は戦後、ひたすら経済活動に邁進して、金儲けだけを考えてきました。日本の政治家も長い間、軍事的な国際関係での緊張感を全く知らないまま、温室の中で育ったため、ものすごく劣化したんです。政治家の劣化の度合は、恐らく先進国の中でもトップクラスじゃないかと思います。

石平　昔は日本の野党、社会党や民主党がダメでしたが、現在の一連の動きを見ていますと、自民党も全然ダメじゃないですか。

百田　僕は昔から、自民党の政治家も八割はクズと言っています。ただし野党、旧民進党の国民民主党や立憲民主党、社民党、共産党の連中は、十割がクズ。だから仕方なく、自民党を消極支持している。日本維新の会も国会議員の七割から八割がクズです。今の自民党の政治家なんて、選挙に通るためなら、平気で社民党や立憲民主党にでも移るような連中です。頭の中に、国家の安全保障問題、国民経済の問題、国際問題はありません。

石平　自分の得票に全くつながらないから。

百田　次の選挙に自分が通るかどうかが、ほとんどを占めている。だからメディアに叩かれるような、選挙に不利になる発言は一切しません。

石平　香港民主化を取りあげても、票に全然つながらない。

百田　香港デモについて国会で一所懸命議論するより、地元を回ったほうがいい。

石平　それは我々国民の責任でもありますね。理念や国家観を基準に政治家を選ばないことに問題がある。

百田　中国問題から外れますが、二〇二〇年一月、トランプ大統領がイランの革命防衛隊の司令官スレイマニを、ドローンによるピンポイント攻撃で殺害しました。イランは報復を宣言し、中東で緊張が高まります。その時、世界のツイッターのトレンドワードは「第三次世界大戦（WWⅢ）」がトップでした。もしかすると、これをきっかけに大戦争が起こるかもしれないという恐怖感からです。ところが同時期の日本のツイッターのトレンドワードのトップは、「スーパームックモード」でした。

石平　それは何ですか？

百田　ちょうどその頃始まった、スマホゲームのキャンペーンの名前です。昔、ポンキッキというフジテレビの子供番組があり、ムックとガチャピンというぬいぐるみを着たキャラクターがいて、それが人気ゲームの新しいキャンペーンに登場するというのです。世界で第三次世界大戦の緊張感が高まっている頃、日本ではムックがトップだったのです。

石平　信じられません。昔から平和ボケと言われて久しいですが、本当に平和ボケです。

百田　僕らは政治家のレベルが悲惨だと言いますが、同時にそんな政治家を選んでいる自分たちも悲惨なレベル。中国から見たら「こんな国、楽勝やなあ」と思っているでしょう。

石平　やりやすい。ですから百田先生の『カエルの楽園』を読んだ時に、私はあれほど衝撃を受けたのです。ウシガエルはもう崖を登ってきたのに、この幸せの楽園のカエルたちは、無関心に遊びを楽しんでいる。

二〇一六年の時点では、中国の侵略の脅威があるのに、朝日新聞を先頭に、中国の肩を持つような、日本国民の警戒心を解こうとする論調に終始するマスコミの問題を私たちは追及していました。

しかし、今や、習近平政権は日本に対しソフトな顔をしている。日中友好を唱え、日本を取り込もうとし、あちこちにお金を使って買収している。その中で、香港問題を含め、最近の日本の対中国政策を見ていると、私が最も心配なのは朝日新聞よりも自民党です。政権与党が対中国でどんどん無警戒になってきています。

せっかくアメリカが目覚めて、中国の本性を見抜き、世界もアジア諸国も目覚めてきたのに、唯一、日本だけが、しかも残念ながら安倍政権の下で、ますます中国と融和しよう、中国の侵略行為は見て見ぬふりをしよう、中国を助けようとする方向に行っています。その意味で、現在の状況は三年前よりさらに危なくなっていると思います。

習近平の国賓招待に絶対反対

百田　その象徴的な事件として、国賓招待の話をしましょう。今回、日本政府が習近平を国賓として呼ぼうとしています。新型コロナウイルスの騒ぎなどもあって、当初の四月来日が秋以降に延期となりましたが、あくまで延期であって、中止ではありません。

石平　中国に対して何も言えないばかりか、日本の領土を奪おうとする張本人を、日本政府がお願いして『カエルの楽園』へ国賓として招き入れようとしている。『カエルの楽園』で描かれた以上のことが現実に起ころうとしていますね。

百田　『カエルの楽園』は、「三戒」と呼ばれる戒律と、「謝りソング」という奇妙な歌によって守られていた楽園に二匹のアマガエルがたどりつくところから物語が始まり、その楽園に凶暴なウシガエルの魔の手が迫るというストーリーなのですが、まさかそのウシガエルを国賓として自ら招き入れるとは……『カエルの楽園』でも書けなかった驚愕《きょうがく》の内容です。

いずれにしても今回、安倍総理が習近平を国賓で呼ぶことは、日本が中国に対して、さらにものが言えなくなった現実を象徴する事件と言えます。『カエルの楽園』に譬《たと》えると、ウシガエルに頭を下げるツチガエルのリーダーという構図です。

石平　あらゆる点から考えて、あってはならないことです。どこから見ても日本の国益のためにならず、デメリットばかりです。

百田　私は二〇一八年に『日本国紀』（幻冬舎）を書くにあたり、歴史を一から徹底的に調べ、学び直しました。そのため、今現在起きていることを、五十年後、百年後の目で見るとどうなるかという視点で物事を考えることがあります。たとえば習近平は、五十年後、百年後に、世界でどう評価されるか。おそらく、二十一世紀のヒトラーとなるでしょう。

石平　全く同感です。

百田　「これほど残虐な行為をした国家元首は、ヒトラー以来、あるいはスターリン以来」ということになって、歴史に断罪される人物ですよ。凄まじい人権弾圧の事実を知っていながら、二〇二〇年の日本が国賓として呼ぶことは、日本にとって歴史上の汚点として残ると思います。

石平　大きな汚点です。百年経っても後世の世界中の人々は許さないし、後世の中国人も許さないでしょう。

百田　そうかもしれませんね。

石平　習近平がやったことは、戦後のドイツ人がヒトラーを清算したのと同じように、いずれ中国国内でも清算されます。中国共産党が潰れた時、中国共産党の罪と習近平の罪が、中国人民の手によって完全に清算される。

他方、中国共産党そのものは崩壊しない可能性もあります。共産党が生存本能を発揮して、自らが生き延びるために、習近平をどういう形かはわかりませんが、いずれ葬り去るかもしれません。その後、悪の全責任を習近平に押し付けるわけです。

百田　かつてドイツ国民が、自分たちの罪をすべてナチスにかぶせたのと同じように、習近平体制がやったこと、中国人の罪に帰すべき問題を、すべて習近平に負わせるわけですね。

石平　特に、ウイグルで起きたことは、世界中に知れ渡っていますから。

百田　にもかかわらず、それを行った人物を国賓として招待し、天皇陛下に会わせるなら、日本史上、世界史的に見ても恥ずべき汚点になる。さらに言えば、日本は国際的に孤立すると思います。

百田　世界が今、足並みを揃えて、中国に厳しい目を向け、経済的にも切り離しを図っていく中で、日本が率先してその足並みを乱し、「私は中国と仲良くしますわ」と行動すれば、世界は「なんや、日本は中国の属国なのか」と受け取りますよ。

日本は、一九九一年の湾岸戦争の時にも、世界から白い目で見られました。多国籍軍に参加せず、憲法九条がありますので無理です、その代わりカネを出しますからと言って、「なんやこの国は」と白い目で見られた。カネで済む問題ではないのに。

石平　今回の事態と比べて、湾岸戦争で日本が批判されたのは、まだ軽かったと思います。もし湾岸戦争の時、日本がお金も出さずイラクと手を組んだら、どれほど批判されたでしょうか。今の日本がやっているのは、当時のサダム・フセインと手を組むようなことです。

百田　そう。中東に関して言えば、ペルシャ湾で日本のタンカーを守ってもらっている立場なのに、今回も有志連合に日本は参加しません。ただでさえ、日本の立場は苦しいのに、習近平国賓招待でしょう。世界の国は、日本の事情など理解しようとしませんから、「なんやねんこの国は」となって、経済的にも、日本の国際的な立場も全てが悪くなる。

石平　しかも、国際社会の評判を落とし、反発を受けることに加えて、もう一つの危険は、日米同盟にも亀裂を生じさせることです。アメリカは今、超党派で、民主主義の理念、反ファシズム的な理念から、中国のやり方、覇権主義を許さない、少数民族に対する弾圧も許さない、民主主義の普遍的価値観を破壊することも許さないとコンセンサスができている。その中で、先進国の一員で、民主主義国家で、アメリカの同盟国の日本が、それを全部無視して、反民主主義、反人権、香港であれほどの暗殺や虐殺を行い、ウイグル人をヒトラーと同じ手法で民族浄化し、強制収容所に入れる政権と手を組むなら、アメリカ政界や知識層の中で、対日認識はかなり悪くなるでしょう。

多くのアメリカ人にとり、日本は日米同盟だけでなく、民主主義や人権の普遍的価値観に対する裏切り者になるはずです。

百田　そこでもやはり、「日本は中国の子分なのか」と思われますね。中国の属国、子分とみなせば、軍事同盟を結んでいても、アメリカはもはや日本を韓国並みの扱いにする可能性があります。「貴重な情報は渡せない」となるかもしれません。

石平　逆の視点からこの問題を考えて、安倍首相がこれほど熱心に習近平の国賓招待を進めるのは日本にとってメリットがあるか、検討してみましょう。ひょっとしたら安倍さんが大所高所から、日本の利益につながる配慮をしているのかもしれない。

たとえば、「今年の東京五輪を成功させるために、習近平を招待してオリンピックを円滑に開催できるようにするんだ」という人がいます。しかし、この理由づけは成り立ちません。習近平が国賓として来なくても、東京五輪はそのまま開催されます。習近平が国賓として招待されなくても、中国選手団はオリンピックをボイコットしません。だから東京五輪とは全く関係がない。

百田　むしろ、東京五輪に関しては、今回の中国肺炎の影響と日本政府の対応の甘さで、開催できるのかどうか懸念されていますね。各国が参加を拒否しないとも限りません。実は、私は開催地が外国に変更になるのではないかと思っているのですが——。

石平　そうですね。日中関係で言えば、もちろん両国は外交関係を結ぶ大国同士ですから、首脳会談をやるのは何の問題もありません。どちらの国でやっても、第三国でやってもいい。首脳会談で多くの問題について話し合うのもいい。しかし国賓として招待するのは、どう考えても東京五輪と関係ありません。

また一部の人々は、中国との経済交流を主張します。「日本が中国とうまくやるために、国賓として招待すれば、日本の経済にプラスになる」と。しかし、それも成り立ちません。国賓として来日するかどうかとは関係なく、経済交流は中国も儲けがあるからやるだけです。国賓として招待しなかったら、中国企業は日本の企業と商売をしないという話になるでしょうか。全くなりません。

百田　日本の経済界は、中国と仲良くしたら、我々の商売がうまくいくからお願いしますと頼み込んだのかもしれません。情けない話です。自分の企業、自分の会社の利益のために、日本国全体を売り渡す行為ですから。

もう一つ、中国は、冤罪《えんざい》でも平気で中国にいる日本人を逮捕して刑務所に放り込んでいますね。ですから日本側は、今後そういうことは止めて欲しい、という含みがあるのかもしれません。しかし、中国には恩義という概念がありませんから、向こうがへりくだったら、こちらもちょっと折れようという思考はないのです。むしろその逆。「日本が折れてきた。よっしゃ、じゃあもっと強く出たろ。どんな無理言っても通るやろ」と、さらに強硬な態度に出てくる国です。「国賓として呼んで、恩を売って日本側の要求を突きつければいい」などと言う人もいますが、論外です。

石平　まったく意味がない。なぜ国賓として呼んでから話をするのでしょうか？　効果がない。「国賓として呼ばれたことを恩義に感じるから、そのほうが相手が要求を呑むんじゃないか」などというのは甘すぎる幻想です。国賓として呼ばれた以上、目的はもう達成できたから、一層、日本を上から見下ろして、ますますこちらの要求を呑まなくなりますよ。

百田　日本はかつて下手に出たのを逆手に取られて、やられた経験があります。中曽根政権の時、抗議を受けて最初に靖國参拝をやめたのは、親日派とされた胡耀邦《こようほう》の立場を慮《おもんぱか》った措置でしたが、結局、中国側に利用されてしまいました。

石平　そうです。胡耀邦の立場が日本の配慮で守られたわけでもなく、なんの意味もありませんでした。

百田　そう。胡耀邦が失脚した後、中国共産党は靖國参拝問題を外交カードにし、日本が逆にやられてしまったのです。

石平　一部の日本人は、「米中貿易戦争などで中国が困っている時に、習近平を国賓として招待すれば、中国の日本人に対する扱いが良くなるかもしれない、習近平に恩さえ売っておけば、日本に対する強硬姿勢を止め、尖閣でもおとなしくなる」と期待しています。

そういう日本人的な発想、「国賓として手厚くもてなした上で話をすれば、向こうは聞くかもしれない」というのは、習近平には一切通用しません。中国共産党にも通用しないし、歴史的に、これまで中国人に通用したためしはありません。それはもう歴史が証明しています。

日本はかつて、江沢民政権の中国に大きな恩を売りました。天安門事件の後、江沢民が窮地に立たされた時、日本は救援の手を差し伸べて、天皇陛下も訪中し、中国を国際社会に復帰させました。「これで中国も民主主義国家になる。日本とも仲良くするだろう」と期待した。

しかし、後出の農夫とヘビの話（2章）に譬えれば、ヘビである江沢民政権はこれで元気を取り戻し、日本に襲いかかったのです。国際的孤立を克服した後、江沢民政権は激烈な反日政策に転じました。恩義を感じて日本への態度が良くなることはなく、甘い敵には必ず仇《あだ》で返すのが中国です。

百田　そう。だから中国が相手に良くするケースは、相手が怖い時だけ。自分が危なくなった時に敵に優しくする。中国は昔からそうです。自分が強くなったら、相手に恩があろうが、義理があろうが、一切関係ない。ですから日本政府も経済界も、中国という国を徹底的に研究し、中国人のメンタリティを踏まえないといけないのに、日本人は韓国に対してもそうですが、自分と同じ価値観を持つ人間だと誤解して行動しているのです。

石平　しかも、たちの悪いことに、何回騙されても目が覚めない。これほど騙しやすい相手もいません。そして、また再び同じ過ちを繰り返そうとしている。

百田　中国からしたらいい鴨《かも》ですよ。「日本はアホや」と笑われている。

石平　騙されても、騙されても、日本はついていく。悪い言葉で言えば、都合の良すぎる女になっていると思います。騙された教訓を何も汲《く》んでいない。しかも、それがかつての民主党政権だったらまだ「さもありなん」という感じですが、習近平という人類共通の敵を助けて、日本が歴史的な汚点を残すように先頭に立って進めているのが、よりによって安倍総理なのですから、理解に苦しみます。

自民党は陥落し、安倍政権は中国に呑まれた

石平　百歩譲って国賓として招くなら、条件を付けるべきです。国賓として呼ぶ代わりに、尖閣での軍事行動をやめろ、とか強く出たらいい。まずこちらが条件を突きつけて、それを習近平が呑むかどうか試すべきです。

百田　安倍総理は、尖閣問題などでも「習近平に直接言っている」と言っていますが、そんなもんいくら口で言っても何の効力もありません。現に今も、尖閣周辺の海域に中国公船が連日侵入している。二〇二〇年の一月も二月も、ほぼ毎日来ています。

石平　断言できるのは、習近平が国賓として来日して、安倍総理がその場で習近平に尖閣問題で何か言っても意味がないということです。ただ聞き流すだけのこと。

百田　彼らにすれば雑談と同じです。

石平　中国にマスクを大量に送ったら、爆撃機を飛ばして沖縄本島と宮古島の間を通過させました。

百田　マスクのお礼に爆撃機を送るというのが中国式礼儀ですね。

石平　これが中国という国なんです。

百田　現憲法下では日本にできることはたしかに限られていますが、アメリカと同調して中国に対して強い態度に出るなど、できること、やるべきことはまだまだあるんです。

石平　それらをせず、国賓を優先させるなんて……信じられません。

百田　だから私はこれまで安倍政権を支持してきましたが、今回の中国肺炎への甘い対応然《しか》り、そして習近平の国賓招待――もう安倍政権を支持できません。

石平　私も同じです。そんなことをして、安倍首相自身に何の意味があるのか。

百田　安倍総理自身の一大汚点になりますよ。それだけではない。国家の名誉をも穢《けが》す。

石平　第二次安倍政権以降、七年間続いた安倍政治の終盤で、自ら晩節を汚し、しかも日本外交にとって百害あって一利もない選択をするわけです。

百田　繰り返しになりますが、あえてもう一度言います。習近平を国賓として呼んだら、日中関係はさらに悪くなるでしょう。中国は、「あっ、この国は弱いな」と察して、徹底して強く出てきますよ。

石平　しかも習近平からすれば、国賓としての訪日さえ終われば、目的は全部達成で、安倍首相はいわばもう用済みです。中国肺炎での対応でも見たように、すでに日本政府とマスコミは中国に忖度し、中国批判の声を黙殺しています。

百田　日本のメディアや識者の中には、昔も今も、「中国を批判しても意味はない」と主張する人がいます。

石平　国賓として迎えた時点で日本は世界中から批判されるので、日本の立場は、習近平の国賓訪問でさらに弱くなるでしょう。アメリカ人のみならず、香港人も台湾人も怒る。中国共産党の一貫したやり方は百田先生が指摘された通り、立場が弱くなった者を、さらに徹底的に叩きつぶすだけです。

かつて魯迅《ろじん》という作家が、そう書いていました。中国人の哲学は、犬が水に落ちたら、さらにこの犬を叩かなければならない。日本がそれにはまってはいけないんです。

百田　中国に対して主張しないと生き残れない危機的状況なのに、あろうことか安倍政権下で、日本が中国に対して強く要求することが全くなくなってしまいました。日本はまさに「カエルの国」ですね。

石平　あらゆるものに無防備です。軍事的脅威にも、チャイナマネーによる買収にも、中国発のウイルスにも無防備ということもわかって、侵入され放題です。

百田　もうウシガエルが崖を登ってこようが、土地を勝手に買われようが、イランとアメリカが下手をすれば大戦争の瀬戸際なのに、スマホゲームに夢中とか。恐ろしいウイルスが来ているのに、一切気にせず、自分たちは大丈夫だと思っている。

そこでハンドレッドが「あかん」と、大きな声を出しているのに、聞いてもらえません。なので実は私はこの間、安倍総理に直接メールを出したんです。

石平　そうですか、それは良かった。

百田　安倍総理は、私がメールするとたいがいすぐ返事をくれるのですが、今回は返事が来ませんでした。

石平　そうですか……。国賓招待に反対の意見を、強く言いましたか。

百田　言いました。国賓は絶対反対です、と。僭越《せんえつ》ながら国賓待遇で呼ぶことは、日本を国際的に孤立させ、歴史的にも日本国の汚点になります、と書いたんです。

石平　アメリカのウイグル人権法が下院を通過して、今年中に成立するかもしれない局面です。そういう時に、国賓として招待すれば、天皇陛下が習近平と会わなければいけなくなります。政府が決めたら、天皇陛下は握手して晩餐会にも招待しなければならない。陛下に、二十一世紀のヒトラーと握手させてしまう政治的責任を誰が取るんですか！

はっきり言って、安倍晋三さんという政治家個人では負いきれない重い責任です。

五十年後、百年後に、もう我々は生きていませんが、しかしこの歴史の事実は残ります。百年経っても二百年経っても、皇室は残るからです。百年後の人々が歴史を読んで、あの時、天皇がそういう輩《やから》と握手した。その時、誰も安倍総理がやったこととは覚えていない。残るのは、天皇が握手した事実だけでしょう。皇室と天皇陛下を傷つけたことが数百年後も歴史に残る、そういう責任を、誰が取れるでしょうか。

今回の対談は、恐らく百田先生も同じ気持ちでしょうが、私たちから安倍総理への最後の訴えのつもりです。ぎりぎりでもいいから、国賓招待をやめてくれという心からの叫びです。

百田　昨年十二月に安倍総理と食事をした時、実はこの話が出ました。これは既定路線で絶対に呼ぶ、とははっきり断言はしていませんでした。「もし何かとんでもないことが起これば……」みたいなことを、ゴニョゴニョと語尾を濁《にご》していましたが。
習近平を国賓で呼ぶことには、何か裏があるのかもしれません。二階俊博自民党幹事長とか、財界とか公明党とかいう存在があって、安倍総理としては呼びたくないまま、なんとなく内輪からの圧力で呼ぶことになったのかもしれません。けれども、それは私たちが考えることではありません。政治はあくまでも結果責任ですから。

石平　そうです。未来の歴史に責任を負う立場にあるのは安倍首相であって、自民党の幹事長ではありません。「安倍総理は本心では呼びたくないのに、自民党の大勢に従って呼ばざるを得ない」と推測するむきもありますが、それこそ私に言わせれば、政権与党そのものが中国の工作に陥落した証《あか》しです。

百田　現時点（注・二〇二〇年三月現在）では、習近平の国賓招聘《しょうへい》は秋以降に延期となっていますが、時期に限らず、習近平を国賓で呼ぶなど言語道断であることに変わりはありません。絶対にあってはならないことなので、正式に中止になるまで、私たちは強く訴え続けていきます。

第2章

戦わずして尖閣を奪われるシナリオ

人目をはばからず涙を流した

石平　『カエルの楽園』は、発売後ほどなく、岡山経由で松江行きの特急列車「やくも」のなかで読みました。松江で講演の予定があったので、乗車中に読もうと、大阪から乗り換えの岡山駅の書店で購入したのです。正直、寓話《ぐうわ》小説を読むのは中学生以来でした。

百田　そうなんですね、光栄です。

石平　久しぶりの寓話小説が百田さんのご本だったのも、何かの縁ですね。特急電車ですから乗り過ごす心配もなく、気軽にページを繰り始めたのです。するとたちまち、『カエルの楽園』の世界観に入り込んでしまい、一気に最後まで読んでしまいました。

百田　ありがとうございます。

石平　でも、中国で生まれ育ち、日本に帰化した私にとって、特に後半を読み進めるのはかなり勇気が必要でした。日本は作中のナパージュ、つまり「楽園」ですが、この本の後半は楽園が一歩一歩崩壊していく様子が描かれています。ウシガエルたち、つまり「中国」に侵略され、占領され、虐殺され、国を奪われる。その段を読み続けるのは非常に辛かった。なぜかと言えば、あたかも自分のことのように想像力を刺激されるからです。読んでいるうちに、自分自身が登場人物の「ソクラテス」になったような気持ちになってきました。

百田　たしかに、ソクラテスの境遇は石平さんの人生に重なっているところがありますね。

石平　自分の生まれた中国では天安門事件の時、民主化運動が弾圧されて、仲間たちが殺された。ある意味で私は、日本に亡命してきたようなもの。カエルのソクラテスと同じように祖国を追われ、日本という安息の地にやっと住み着いた私の遍歴が重なってきました。人生の後半を安心して送ることができるだろうこの地で、私は日本人女性と結婚して、子供もいます。子供の祖国は日本ですから、この国にわが子の人生を託さなければならない。そう思うと、読み進めるうちに、電車のなかで恥ずかしながらも……（言葉につまる）。

百田　泣かれたのですか？

石平　はい、涙が出ました。もし『カエルの楽園』で描かれた未来が日本の現実になってしまえば、正直、この国を選んだ自分の人生は何だったのか、ということになる。また、子供の人生はどうなってしまうだろうか、と考えさせられたわけです。読み終えてふと車窓を見ると、ちょうど島根県に入ったところでした。電車は日本海の海岸線の絶景を走り、宍道湖《しんじこ》の綺麗な湖面が見えてきた。美しい景色を眺めながら、外国に侵略されて子供が凌辱《りょうじょく》されるようなことは、絶対にあってはならないと感じました。

百田　おっしゃるとおりです。

石平　失礼ながら、百田さんが描いたとおりにはさせないぞ、と。

百田　ははは！

石平　ただし、その時には私の危機感もまだ漠然としていました。下手をすると日本はそうなるんじゃないか、と、まだそこまで切迫してはいなかったのです。『カエルの楽園』を読んだ二〇一六年四月の時点では。

軍が侵入してきた

石平　中国は、いずれ尖閣《せんかく》を奪取する。かの国出身の私にはわかっていました。しかし六月九日以降、危機的な事態が矢継《やつ》ぎ早《ばや》に起こります。具体的に言えば、六月九日未明、中国の軍艦（フリゲート）が尖閣諸島沖の接続水域に侵入してきました。わずか六日後の十五日には、中国軍の情報収集艦が鹿児島県の口永良部島《くちのえらぶじま》周辺の領海に侵入。さらに十七日には、中国軍機のスホイ30が東シナ海南西諸島周辺の上空で、スクランブル（緊急発進）した航空自衛隊機に近距離から攻撃動作を仕掛け、空自機が回避行動、離脱するという深刻な事態が起きていたことがわかったのです。

百田　軍を侵入させてきたわけですから、中国は完全に一線を越えました。

石平　六月の中国軍の動きと日本の反応を観察していて、はっきり言って、百田さんが『カエルの楽園』で描いたそのままのシナリオであることに愕然《がくぜん》としました。日本のメディアは、作中に出てきたいくつかのセリフをそのままなぞっていたんです！

百田　フィクションだった〝カエルの世界〟が現実になってしまいました。報道の論調も日本人の反応も、作中の〝デイブレイク〟のセリフそのままでしたから。

石平　私はビックリして、思わず読み比べてしまいました。朝日新聞の社説を書いている人は、『カエルの楽園』を読んでから書いているのかと思いましたよ。「尖閣に中国艦日中の信頼醸成を急げ」と題した六月十一日の社説によれば、「仮に自衛隊が出動すれば、『軍対軍』で一触即発の事態になる危険が高まる。（中略）肝要なのは、危機をあおるのではなく、目の前の危機をどう管理するかだ。政治、外交、軍事、経済、文化など幅広い分野で、重層的な対話の回路を広げていく必要がある。留学生など市民レベルでの交流も、もっと増やしたい」。

百田　本当に同じことが起こってしまいました。『カエルの楽園』を発表したのは二〇一六年の二月ですが、前年の秋には書き終えていました。石平さんと同じように、当時は自分でも、まさかここまでの状況にはならないだろうと高《たか》を括《くく》っていました。いまのままでは、日本がこんな悲惨なことになる恐れもあるという、警告の書のつもりでした。こうなってほしくない、こうなってはいけないという想いで、多くの人に読んでもらおうと書いたわけです。

しかし不幸にも、二〇一六年に入ってからの日本を取り巻く国際状況は、まるで『カエルの楽園』に書かれたことそのまま。あたかも本をなぞるように、現実が推移していきます。『カエルの楽園』では、ナパージュを守っていたスチームボートという鷲《わし》が去っていくのですが、二〇一六年のアメリカ大統領選でトランプ候補が「在日米軍を引きあげるぞ」と言い出しました。その後、ウシガエルが崖をよじ登ってくるように、中国が漁船や公船だけでなく、ついに軍艦で領海侵犯を始めました。警告の書だったはずが、予言の書になってしまった……。

石平　いや、私も怖かった。一連の事件を見ていて、鳥肌が立ちました。

百田　六月九日以降の中国軍の動きを「大事件だ！」と思っていたら、日本の世論の反応、報道の論調はもっと深刻な問題でした。まず、『カエルの楽園』の〝デイブレイク〟のセリフを引用します。

「むやみにことを荒立ててはいけない。いたずらに彼らを刺激してはいけない。まずは状況をしっかり見ることだ。いたずらにです。こんなところで我々が集まっていたら緊張感が高まるだけです。必要以上に不安を感じることはありません。とことん話しあえば明るい未来が開ける」

作中で〝デイブレイク〟がこの発言をした時、すでに恐怖のウシガエルが崖を登ってきてカエルたちみんなが青ざめている。それでも、〝デイブレイク〟はこのセリフを言う。

今回、中国の軍艦が接続水域に侵入した時、朝日新聞は社説でこう書いています。「事実関係がわからないまま不信が募れば、さらなる緊張を招きかねない。日中間に最低限の信頼を築くことが急務だ」と。事実関係は明白であるにもかかわらず、「事実関係がわからないまま」などとよくも書けたものです。そして、社説のまとめは以下の文章で締め括《くく》られる。

「対話のなかで、お互いの意図を理解し、誤解による危機の拡大を防ぐ。求められるのは、日中双方による地道な信頼醸成の取り組みである」

だから私は『月刊Hanada』（二〇一六年八月号）の記事でおちょくって書きました。「今回の朝日新聞の社説を書いた論説委員は、『カエルの楽園』を読んでいたのではないか」。真似して書いたらアカンよ、と（笑）。

中国は日本の報道を見て、侵略を加速させている

百田　朝日の社説が十一日であることにも注目すべきです。事件は九日未明に起きたので、その日の朝刊には間に合いません。しかし、事の重大性を見た産経新聞はその日に号外を出しました。翌十日、新聞各社は社説でこの事件を取り上げました。

「尖閣に中国軍艦　危険な挑発行為をやめよ」（産経）

「尖閣沖中国軍艦　危険増した挑発に警戒せよ」（読売）

「中国軍艦と尖閣　緊張高める行動やめよ」（毎日）

各社ともに「中国許すまじ!」と書いた。ところが朝日新聞だけは、「参院選　野党共闘わかりやすくなった」「池田小15年　子どもを見守る社会に」という社説でした。

石平　事の重大さを考えると、はっきり言って野党共闘なんてどうでもいいですね。

百田　つまり、朝日新聞は十日に論評を避けた。様子を見たんです。どう書けばいいかわからないから、他紙の出方を見た。おそらく編集部内でも、中国を非難すべきかどうか、相当な議論があったことでしょう。他社より一日遅れ、つまり事件から四十八時間経って出した社説が先ほど引用していただいたもの。結局、中国を非難するのはやめようとの結論に至った。それでも朝日新聞が混乱していると感じるのは、書くまでに四十八時間かかったことです。

石平　もし他紙の十日の社説で中国批判がなかったら、翌日の朝日新聞の社説はもっとひどいものになっていたでしょう。これでも十分ひどいのですが……。

百田　また、他の新聞はすべて「中国軍艦」と書いていましたが、朝日新聞だけは「中国艦」です。「軍艦」ではなくて「艦」だと。不自然に「軍」という字を抜いているのです。できるだけ読者に中国の脅威を知らしめないようにする意図がありありです。「危険」や「挑発」という文字もなく、「信頼醸成」という抽象的な言葉が見出しになっている。

石平　朝日新聞の主張は、すべて中国に有利になる書き方です。たとえば、仮に自衛隊が出動する場合、一触即発の事態になる危険が高まる、なんて意見はその典型でしょう。「誠心誠意、話し合えば、争いは回避できる」「無闇《むやみ》にウシガエルを敵と見做《みな》すのはもうやめよう」「ウシガエルを無理やりに追い出そうとすれば、争いに発展する可能性がある」という『カエルの楽園』のセリフそのまま。

百田　朝日は「接続水域は国際法上は公海であり、外国船にも航海の自由が確保されています。そこで自衛隊が出動すれば軍隊同士、一触即発の事態になる危険が高まる」と書いていますね。しかし今回の中国軍艦の航行は、一般的な外国船の航行とはまったく意味が違います。中国は尖閣諸島の領有権を主張し、「尖閣を核心的利益」、つまり奪取することを宣言して、漁船や海警などの公船を連日、日本の領海に侵入させている。つまり軍艦が侵入してきたことは、尖閣諸島侵略に向けた行動の一環であるのは明らかで、戦争一歩手前まで来たといっても過言ではない。

石平　『カエルの楽園』で、ウシガエルの侵略に力で対抗しようとした登場人物〝ハンニバル〟（自衛隊）に対して〝デイブレイク〟が言うセリフと、朝日新聞の主張は同じです。「ハンニバルがウシガエルを挑発した。そのせいで、争いになって戦争になったかもしれない。何の罪もない我々はハンニバルのせいで命を失う」「ハンニバルの力は戦うための力です。平和を愛するツチガエルにはまったく不必要。それどころかナパージュに災難をもたらす」。自衛隊が国を守るために行動することはすべて軽率な挑発行為で、自衛隊が悪者になってしまう。

百田　自衛隊が出ていくと全面戦争になる。だから挑発に乗ってはいけないし、こちらは軽々に行動してはならない、とにかく〝デイブレイク〟はそう言い続ける。今回の朝日新聞もまさにそのままです。

石平　最後のくだりがひどい。軍艦が侵入しているのに、朝日が出した解決策は、留学生などの市民レベルの交流をやりましょう、と。頭のなかはどうなっているのか。軍艦と何の関係があるのでしょう。国防上の問題と留学生の交流はあまりに無関係で、開いた口が塞がらない。

百田　「文化など幅広い分野で重層的な対応」というのは、今回の事態への対応には意味がない。中国は領土を奪取するために行動しているので、文化交流のレベルでは解決できる問題ではありません。最後のまとめの部分は、まるで中学生の弁論大会で聞くような主張です。綺麗事だけの、中身のない空疎な言葉。十五歳くらいの中学生なら、お花畑みたいな理想的な話をしてもいいかもしれない。いかにも朝日新聞らしい言葉なので、もう一度引用しますね。

「対話のなかで、お互いの意図を理解し、誤解による危機の拡大を防ぐ。求められるのは日中双方による地道な信頼醸成の取り組みである」

お互い信頼しあえば危険なことなどないんだ、と言わんばかりです。軍隊を送り込んできたのは中国です。日中間の信頼関係を壊すのは中国なのに、日本が誤解しているかのように書く。中国の行為をまったく非難せず、弁護に回って稚拙《ちせつ》な社説を書くのが、日本を代表するクオリティ・ペーパーですか。

石平　中国の軍艦がやって来たのは信頼が足りないからだ、それは日本と安倍政権が悪い、という。

百田　「双方の誤解による危機の拡大」とも表現しています。いやいや、日本は誤解なんてしてないですよ！

石平　軍艦が侵入してきたのが現実で、世界のどの国にとっても脅威です。脅威から目を背けたいのでしょう。

百田　現実を認めたくないのでしょう。朝日はこうも言います。「背景には中国軍の不透明さがある。今回の行動に習近平政権の意志がどこまで働いていたのか。軍の中枢と現場レベルの意思疎通はできているのか。軍艦の行動が意図的なものか、偶発的なものかは不明だ」。つまり朝日新聞は、「習近平がやったとは言えない」と主張しているわけです。

軍司令官が勝手に暴走したのかもしれないし、現場の指揮官の一存でやったのかもしれない、偶然かもしれない、と。つまり、危機なんて存在しない、と一所懸命に言っている。しかし、もし習近平の意思ではなく、現場の指揮官や前線の兵士がやったということなら、ある意味でもっと危険とも言える。

石平　私も目を疑いました。もし中国が日本に対してミサイルを一発撃ったとしても、この論理が罷《まか》り通るんです。実は習近平は命令していないかもしれない。幹部の誰かが間違って命令したのかもしれない。我々は冷静にならなければ、と。日本が反撃すれば戦争になりますから、そうさせないよう危機感を排除するのに躍起。

百田　そのお話を聞いて驚きました。実は朝日新聞自身が、石平さんの指摘した主張を、かつて紙面で主張しているんです。二〇〇二年のQ&Aコーナーの文章です。当時、北朝鮮が何度かミサイル実験をしていて、「もしミサイルが日本に撃ち込まれたらどうなるんですか?」という質問に対して、朝日新聞は「一発だけなら誤射かもしれない」と答えている（笑）。北朝鮮のミサイルが日本に撃ち込まれても、一発だけなら誤って撃たれた可能性があるからただちに反撃してはいけない、と書いているんです。

石平　問題はそこです。一発撃たれても誤射と考える、二発来ても誤射と解釈する、現場が間違って撃ったかもしれない、と。では三発目はどう解釈するか。やはり、金正恩《キムジョンウン》政権内の権力闘争でいろいろあったかもしれないから我々は冷静に対応しなければならない、と主張できる。どこまでも譲歩するのが「冷静な対応」という、この論理は恐ろしい。

百田　朝日新聞は日本人の危機意識をできるだけ消そうとしています。実はそのことが一番の脅威なのです。

石平　朝日にとって、日本人の危機意識不足を可能なかぎり存続させて、国民に危機意識を持たせないようにすることが、大きな課題なわけです。

もっとも、朝日の記者たちには危機意識はあるでしょう。朝日新聞に入るような人材が、頭が悪いわけがありませんから。紙面の論調をまとめる論説委員クラス以上の上層部が、意図的にやっていると思うしかない。なぜ、日本国民の危機意識が働かないように努力するのか。本来なら、それは中国政府が工作することです。朝日新聞は中国の国営メディアではないのに、客観的にみて中国政府が一番喜ぶ書き方をしている。

百田　結果的に日本がずっと譲歩して、中国が一番喜ぶ事態になっているのは皮肉です。

石平　中国共産党は心から喜んでいます。自分たちがいかなる問題行動をとっても、なぜか朝日新聞が自動的に弁解してくれる、という構図です。日本相手なら、中国の外務省のスポークスマンなんて必要ない。なぜなら、朝日新聞が中国の立場をすべて弁明してくれるから。

百田　今回、朝日新聞が中国軍艦ではなく中国艦と書いたように、とにかく軍や戦争という言葉を一切消そうとする。ところが、朝日新聞は日本の安保法制に対しては「戦争法案」とレッテルを貼るわけです。

石平　中国の軍艦がきても、「冷静になれば戦争は起こらない」と主張する。しかし、国内では中国の脅威に備える法案を準備しただけで、「戦争を始めるつもりだ」と罵《ののし》る！

百田　ひどいですね～。

中国、北朝鮮は戦争を起こさない、悪いのは安倍政権

石平　百田さんもよく批判する沖縄二紙もひどい論調です。たとえば、「緊張高める行動は慎め」と題した六月十一日の沖縄タイムス社説では、「中国海軍の行動の背景に何があるのか。中国政府が最近の安倍政権の『対中けん制』や『対中包囲網形成』の動きに、いら立ちを募らせているのは確かである」「南シナ海問題にも積極的に関与し始めた日本への不満が、東シナ海での挑発行動と強硬姿勢につながったといえる」。完全に中国側の立場に立った意見です。

百田　十一日の社説ですから、朝日と気脈を通じ、連動していますね。おかしいのは、中国が軍隊を侵入させるという無茶な行動に出ているのを何とか食い止めなければいけないのに、新聞が率先してそれを阻止しようとすることです。

石平　要は、中国がこういう行動に出たのは安倍が悪い。安倍が中国の苛立ちを募らせた。南シナ海で起きたことが東シナ海でも起きることを懸念し、対策を取り始めた日本への不満が中国の挑発行動に繋《つな》がった、というストーリーです。

百田　ひどいのは、まず中国がその前に何をしたか、南シナ海で一方的に現状変更の挙に出た事実を書いていない点です。中国が南シナ海で非道なことをしたのに、それは書かずに、日本の対応にだけ文句を言っている。

石平　しかも、社説がすべて中国の弁明になっている。「中国がそういう行動に出たのは日本が悪い。日本が中国を敵視し、安倍政権が中国包囲網を企《たくら》んだ。安倍政権が南シナ海に関与し始め、あるいは海上自衛隊と米国、インド両国の共同訓練も十日から始まった。さらにシンガポールのアジア安全保障会議で中谷元《なかたにげん》防衛大臣が中国を批判したからだ」という解釈をしている。結局は、中国の行為を正当化するために「日本が何をしたか」だけを書き連ねている。私は「ウソでしょう」と信じられない気持ちになりました。

百田　沖縄メディアの主張は、中国側の言い分そのままです。

石平　中国外務省の主張です。日本はそれなりの悪いことをやったからこうなった、というのです。

百田　「琉球新報、沖縄タイムスを正す県民・国民の会」の我那覇真子《がなはまさこ》さんは、沖縄の二つの新聞は新聞社の名を借りた政治結社だ、と断じている。そのとおりです。

石平　その意味では、朝日新聞も政治結社でしょう。

百田　あんな社説では、政治結社の機関紙と言われても仕方ない。

石平　政治結社が、自分たちの妄想を勝手に主張するなら別にどうでもよいです。しかし、あのような社説が日本の国民世論に影響を与えて、ひいては日本の政治家の判断を左右するなら看過できません。

百田　中国は軍事行動を起こす時、徹底して日本の報道と政府の対応、日本の世論を研究しています。日本はどう出るか。日本国民はどう反応するか。そして日本のマスコミ、テレビや新聞はどう報道するかを見ます。まず六月九日に接続水域に入った時に、日本の世論は静かでした。怒りの声はない。そこに「信頼醸成の努力を」という朝日新聞の社説が出た。日本の世論がこんなふうでは、私は、近いうちに領海に侵入するなと思っていたら、なんと一週間もかからなかった！　中国側の出足が早い。日本側の弱腰を見切って、どんどんエスカレートしています。

自分たちの逆立ちした考えに気づかない

石平　六月十五日、中国軍艦が領海へ侵入した時、また私の頭に浮かんできたのは『カエルの楽園』でした。怖いほどの現実との一致がある。ひょっとしたら、中国共産党の指導者も『カエルの楽園』を……。

百田　読んでなぞっているんじゃないか、と（笑）。接続水域に侵入した際には、「日本とインドが演習をしていたから中国艦とロシアの軍艦が追尾していた。中国艦はロシア艦を追いかけただけ」という解説が、日本の自称専門家や中国側からもありました。しかも、尖閣はあくまで中国領だから問題ない、という言い分。しかし、わずか六日後に口永良部島周辺の領海に侵入してきた。尖閣のような言い訳がまったく成立しないところに、堂々と情報収集艦をよこす。

石平　実際に、軍艦が接続水域に入った時、日本国内の専門家がテレビ解説していた内容は、ことごとく「中国が喜ぶような説明」でした。中国側は挑発を意図していたのではなく、ロシアとともに演習を監視しており、追尾していたら入ってしまったのだと。もし口永良部島沖の領海侵犯が起きなければ、この説明も通ってしまうところでした。わずか六日後の領海侵犯ですから、意図的なエスカレートだとわかる。しかも朝日新聞は「侵入」という表現も一切使っていなかった。

百田　そう、「航行」でした！

石平　日経新聞、産経新聞、読売新聞とも「侵入」と書いています。ＮＨＫニュースですら「侵入」。しかし、朝日新聞と毎日新聞は「領海に入る」または「領海を航行する」と書いているわけです、この危機的状況を。

百田　さらに、領海侵入に日本政府が抗議していない。専門家の解説も国際法上の「航行の自由」の解釈の話などをしていますが、いまはそういう状況じゃない、と言いたい。中国が友好的な国ならばともかく、彼らは尖閣を奪取すると宣言し、日本政府の抗議を一切無視して無法な行動を繰り返すなかでの今回の事件ですから、この領海侵入は侵略、恫喝と受け取って当然です。

譬《たと》えると、近所の仲の良いおっちゃんが、うっかり自分の家の庭に入ってきたのと違うんです。以前から「この庭はウチのもんや、取ったる！」と散々言ってる危ないおっちゃんが、ついに入ってきたわけです。

石平　しかも、近所のみんなが知っている悪者。他の家にもすでに何回も侵入した前科がある。

百田　それが、今回は棍棒《こんぼう》を持って入ってきた！

石平　そういう奴が庭に入ってきたらどうすればいいのか、ということです。庭の前の道路なら誰でも通っていい。しかし、庭はだめ。

中国の侵入を受けて、日本のマスコミ、新聞やテレビに出てくる評論家、コメンテーター、つまり〝デイブレイク〟の連合体みたいな人たちは、ほぼ自動的に中国の行動を合理化し、中国は悪くない、という論調に持っていきました。

「中国軍より先にロシア軍艦が航行していた。中国軍単独の行動ではない」

「領有権と接続水域内の航行はほとんど関係がない。まるで自宅前の公道を不仲の人が通ったことに怒り、真夜中にどなり込むクレーマーじみた行動だ」

「領海侵入の前に、これを誘発した日米印の海上演習実施の必要があったか。意識的に緊張を招く行為だ」

中国は悪くない、演習を監視していただけだ。接続水域は誰でも入っていい。領海に入っても、国際法上、中国は何も悪くないと言い続ける。

百田　この場合は領海でも「無害通航」が認められるんだ、と中国に有利な法律の解釈ばかり。

石平　そもそも、そういう屁理屈《へりくつ》を持ち出すのは相手側のはず。中国政府が言い出す前に、日本人が率先して中国の言い分を宣伝するおかしさ。要は、悪いおっちゃんが「俺は悪いことしてない」と言う前に、家のなかの人間が「あのおっちゃんは悪くない」と言う。私には日本だけ、世界の天地がひっくり返って逆になっているような気がします。

百田　私は『ビートたけしのTVタックル』という討論番組で、朝日新聞の記者と論争したことがあります。私は「国防軍を創設すべきだ」という立場で、軍隊を家に譬えて、防犯のために、鍵を強力にしなければならないと言いました。すると朝日新聞の記者は、いまでも自衛隊はあるのだから、すでに鍵はついていると反論してきた。私は、いまの鍵はとても弱いから、もっと強い鍵にする必要がある、と言い返しました。すると彼は、「強い鍵なんかにしたら、相手は強い鍵を壊す怖い武器を持ってくるからだめだ」と言うわけです！

石平　その人の論理は最終的に、いっそのこと鍵をかけないほうがいい、警察もいらないというところに落ち着きます。鍵をかけないようにすれば、相手は強い武器を持ってくる必要がなくなる、だから持ってこない、と。その代わり、泥棒は自由に入ってくるようになりますが。

百田　あの時は本当に驚きました。強い鍵をつけたら、相手がもっと強い武器を持ってくるから危険だ、なんて。強盗に狙われている日常生活で、実際に実行する人はいません。本当に口だけの理屈です。こんな人間と喋ってもまともな議論にならない、と諦めました。

石平　真っ当な大人が喋ることではありません。正直言って、普通の生活を送るうえでは通用しない。ところが、このばかばかしい発言が、日本のテレビでは堂々と通用する。やはり天と地が逆さまになっています。

百田　だから私が『カエルの楽園』という寓話を書いた動機も、マスコミを支配する異常な空気にあるんです。そもそも寓話小説というのは、直接批判したら政府や教会などの権力、権威に睨まれて、許されない内容を表現するためのものでした。現代日本では言論の自由で、一応、何を書いてもいいとなっていますが、それでも私がなぜカエルに置き換えたかといえば、石平さんがおっしゃったように、テレビや新聞で言うてることはすごくおかしい。ところが、多くの人は外国の侵略を肯定するような言論の不自由さ、軍事に繋がる発言を制限するような空気の支配に気づいていない。このおかしさを気づかせるためにどうすればいいか考えた結果、カエルにしたんです。

カエルの世界を作り上げてカエルたちに喋らせると、読者はみんな「あ、このカエルたち、ものすごいアホや。変なこと言ってる」と気がつくんです。ところが作中のセリフは、実際に私たちが普段、テレビや新聞で目にする、マスコミが日常的に繰り返すセリフそのままなんです。カエルに置き換えて初めて「変だ」と気がつく。

石平　カエルの寓話に置き換えると、我々が毎日見ている新聞、テレビが逆さまの主張、あべこべの世界であることがわかりやすくなる。たとえば琉球新報の社説。同じ六月十一日に何と書いたか。「話し合いでの解決提案を」「日本側も今回の事態に乗じて今後、中国の脅威を喧伝《けんでん》することは厳に慎むべきであろう」と。

百田　はっきりと危険を煽るなと言っている。

石平　軍艦が目と鼻の先まで攻めてきたのに、中国の脅威はない、そんなに喧伝してはいけないというのが彼らの主張。脅威を無視することを超えて、脅威を脅威と言ってはいけない、と異論を排し、言論を統制する。これも普通の世界ではあり得ない発想です。

百田　狂った世界ですね。

石平　しかも、面白いことを結論で書いている。「中国がこのようなことを繰り返せば、日本国内の脅威論に火をつけかねない」。このようなことを繰り返せば、誰から見ても脅威そのものです。しかし琉球新報は、それでも脅威であることを認めない。これはむしろ、日本に火をつけるだけだと。

百田　脅威論の存在そのものを脅威とみて、心配している。脅威ではないのに脅威論を出現させるのはアカン、と。

石平　あべこべ過ぎて意味不明です。さきほどの譬え話なら、棍棒を持った悪いおっちゃんが自分の庭に入ってきたのに、家の人は何もしてはいけない、警告を発してもいけないと主張している。これを脅威と思ってはいけない、と。

百田　しかも鍵をかけてもいけない。鍵を強力にすると侵入者の棍棒が銃に変わる、という論理です。鍵をかけようとするから、あの人たちを刺激して暴れるんだ、と。

石平　続いて琉球新報は、中国がそういうことを繰り返せば「日米両政府が在沖米軍基地強化の口実にする恐れがある。そうなれば、中国までもが「新基地ノー」の沖縄の民意を結果的に踏みにじることになる」。結論も面白い。「安倍政権の新基地推進を後押しすることは、中国も本望ではないはずだ」。

やはり、すべて中国の立場に立って、中国のためになるように書いている。心配しているのは中国様のこと。あなたたちがこういう行動をとれば、安倍政権による新基地建設の口実になる。米軍基地存続は望まないでしょう、と中国のために提言しているようなものです。

百田　ひどすぎますね。

石平　この社説には、習近平への愛情すら感じます。中国に、もっと上手にやればいいのに、米軍基地が居座ることになったらいやでしょう、と言っているわけですから。

百田　そこまで書いているとは……絶句します。

石平　しかも、尖閣諸島が属する沖縄県の新聞ですよ。現地紙が公然と、中国と習近平に侵略の近道を提言しているようなもの。

百田　もし憲法が改正されたら、中国にとってもマイナスになる。なぜなら日米両政府が在沖米軍基地強化の口実にする、それは中国も望まないはずだ、と。この社説の真意は、騒ぐな、危険と思うな、冷静に受け入れろ、という中国の対日戦術を先取りして代弁しているわけです。

沖縄・反基地闘争とリンクする中国の動き

石平　軍艦侵入直前の五月十八日、沖縄では女性殺害の容疑者として、元海兵隊員の軍属が聴取を受けていることが明らかになり、翌日逮捕、遺体発見というニュースが大きく報じられました。軍属といっても現在では日本人と結婚し、子供ももうけた民間のアメリカ人ですが、これが米軍基地撤去を求めるデモに火をつけ、六月十九日には「元海兵隊員による残虐な蛮行を糾弾！　被害者を追悼し沖縄から海兵隊の撤退を求める県民大会」が開催されました。偶然が重なって、沖縄から米軍を追い出す運動と中国の軍艦侵入のタイミングが連動しています。

百田　中国軍艦が侵入してくる少し前から、沖縄の反米軍基地の市民運動が変質してきたというニュースを耳にするようになりました。米軍車両の前に人が飛び出していき、動けなくする戦術を開始した。一般車両でも、ナンバープレートで米軍関係者が乗っているとわかるんです。そんな車を見つけると、公道に飛び出して動けなくする。人を轢くわけにいきませんから車は立ち往生、道路は大混乱ですよ。一度に十人から二十人が飛び出してきて、道を塞いで車を動けなくするわけです。この嫌がらせは、六月に入ってから本格的になった。インターネットのユーチューブにその模様がアップされていきます。「ひどいことをやり出したなあ」と思いましたが、同時に、こんなことを繰り返していたら、米軍は沖縄を守るために戦うのはアホらしいと考えるようになるだろう。そう思っていた矢先に、接続水域と領海への侵入が起きたわけです。

石平　なるほど、明らかに狙いが共通していますね。米軍が邪魔だという。

百田　ユーチューブの映像を見ていると、米軍関係者の車の通行を邪魔している市民運動家の声が、沖縄のイントネーションではなく、明らかに私と同じ、関西の言葉なんです。つまり、よそから来ている。交通費や食費、宿泊代は、誰がどこから出しているのでしょうか。

石平　それは重大な問題提起です。中国が今後、いかに動くか。詳しくは第5章で語りますが、私は本格的な日本侵略の突破口が、おそらく沖縄から始まると感じています。

「侵略してもOK」と中国に確信させた、六月のマスコミ論調

石平　六月の日本の世論を観察して、〝デイブレイク〟が沖縄だけでなく、日本中どこにでもいることがよくわかりました。老若男女幅広く、〝デイブレイク〟だらけです。なかでもマスコミの偏りは、つける薬がないほどひどい。

そのへんにいるおじさんなら、床屋談義で「中国は攻めてこない」といくら言ってもいい。しかし問題は、大きな影響力を持つマスコミが〝デイブレイク〟化していること

です。たとえば、領海侵入を報じた日刊ゲンダイの記事のタイトルは「軍艦出没で大騒ぎ　安倍自民が煽る中国脅威論のペテン」でした。

百田　日刊ゲンダイは安倍晋三批判が社是とはいえ、ひどい劣化ですね。日本のことも国民のことも何も考えていない。

石平　中国に対しては何も批判せず、軍艦出没で大騒ぎしているのは、安倍自民が煽り立てるペテンだと叩く。悪いのはすべて日本であり、安倍政権。記事中では、憲法学者の斎藤文男九州大学名誉教授にこう語らせます。中国の動きが激しくなっていることはたしかだ、と一応認める。動かしようのない事実ですから。しかし、「そもそも領海内の航行は沿岸国の平和と安全を害しない限り、国際法上『無害通航』が認められる」。なぜ無害と判断できるのか不思議ですが、続けて「安倍自民は自分たちを正当化するために、ことさら中国脅威論を煽っているとしか思えません」と言う。ここでも中国の軍艦が入ることが問題ではなく、安倍さんが煽り立てているのが悪い、という論理です。

百田　つまり、中国が入ってきたのがあかんやないかという論者やコメンテーターを、マスコミは使わない。安倍だけが悪いという人間ばかり登場させる。この問題ですね。

石平　中国の領海侵犯に対して、中谷防衛大臣は「非常に懸念すべき状況」とコメントしました。私からすれば、このコメントはあまりにも弱すぎる。軍事行動は取らないにせよ、外交断絶も覚悟して臨むくらいの侵略の脅威に曝《さら》されているわけですから。しかし日刊ゲンダイは、「懸念すべきは（中国ではなく）、憲法改正に突っ走る安倍のほうだ」とあくまでも結論づけたいわけです。なぜ、こうなってしまうのでしょうか。

百田　現行憲法では中国の軍事行動に対応できないから、何とか対応できるように憲法改正が必要なんですが、日本のマスコミではそういう議論が一番嫌われるわけです。

石平　脅威は脅威ではなく、むしろ脅威に対応するために取るあらゆる方策こそ問題だ、という論理ですね。泥棒は悪くない、警官が問題だ。だから警官を減らせ、警官の手を縛れと。殺人を止めようとする警官に問題がある、と逆立ちしたことを言う。

私は初来日してからいままで二十九年間、日本のおかげで幸せに暮らしてきましたが、言論の世界では、いつからこういう信じられない状況が続いてきたのでしょうか？

百田　もともと変でしたが、実際のところ、中国の軍事的脅威と侵略がリアルになってから、外国や国際関係を直視しない、本当に自分だけよければいい平和主義に逃げ込む傾向が強くなって、異論を登場させなくなりました。

石平　百田さん、もし百年後の日本が平和を保っていたとして、二〇一六年の現実の状況を振り返ったら、それこそ寓話小説のように感じるのではないでしょうか。

百田　そうですね。『カエルの楽園』も「すごく面白い」と言ってくださる読者がたくさんいますが、おそらく読者が日本人だからこの怖《おそ》ろしさがわかるわけです。たとえば『カエルの楽園』を外国語に翻訳しても、海外の読者は意味がわからないでしょう。

石平　たしかに、外国人が読んでもピンとこない。あり得ない話ですし、荒唐《こうとう》無稽《むけい》な笑い話かと思うでしょうね。

百田　現実にこんなアホな国は存在しない、こんな馬鹿な国民がいるわけがないと思われておしまい。しかし、『カエルの楽園』のアマゾンのレビューは七百件を超えました。

石平　日本の〝デイブレイク〟たちの言論は読むたびに腹が立ちますが、『カエルの楽園』のアマゾンの読者コメントを読むと救われます。やはり、わかっている方は多い。増えていますね。

百田　ただ、『カエルの楽園』は朝日も毎日も読売も日経も、新聞は一切取り上げようとしません。四カ月経って初めて、産経新聞が書評に載せてくれました。「護憲派が一切とりあげない本」と書いていた。しかし私に言わせると、「あんたらも四カ月も取り上げなかったやん」って(笑)。話はずれるようですが、憲法改正されて困るのはどこかというと、中国と南北朝鮮だけです。二〇一五年に安保法制が可決され、ドイツもフランスもイギリスも、これを歓迎しました。いいことだと。それから東南アジア諸国も、もちろんアメリカもカナダもオーストラリアも、世界各国がほとんど賛同した。あかーん！と言った国は韓国と中国だけ。ところが〝デイブレイク〟、マスコミは安保法制を廃案にしろと絶叫し、「世界の国が懸念を表している」と書く。世界の国ってどこやねん！

石平　集団的自衛権は国連で認められ、スイスなど永世中立国以外はあらゆる国が保持している権利です。中国と韓国と日本のマスコミだけが完全一致で反対する論調を、おかしいと思わないのはなぜでしょうか。

百田　ヨーロッパも東南アジアもオーストラリアもカナダもアメリカも、「日本の安保法制を理解する」と肯定している。にもかかわらず、中国や韓国の言い分だけをマスコミは大きく取り上げて、「世界が安倍政権を懸念している」と書く。

石平　彼らにとって、中国と韓国が世界のすべてなのでしょう。

百田　実は二〇一四年一月、衆議院議員の新藤義孝さんが総務大臣をしている時、靖國神社を参拝しました。記者会見で朝日の記者が、「今回の閣僚の靖國参拝に海外からの批判が来ています」と言われて、新藤総務大臣が何と答えたか。

「海外からの批判とは、どこからの批判ですか？」

「たとえば、韓国ですとか」

「たとえばではなくて」

「韓国、中国……」

「と？　他には？」

「他には……私の記憶にはございません」

「それでは海外からではなく、二カ国からの批判ということになりますよね」

これが典型的な朝日新聞の質問のやり方です。世界が言っているという前提を立てて話を進めようとするのです。しかし、具体的にどこですかと訊くと、中国と韓国。他にはない。ひどい話です。

石平　彼らが優先すべき世界が中国と韓国。にもかかわらず、私たちこそ日本国民の代表だという論調をとる。

百田　いまの憲法改正阻止の動き、安保法制の廃案の動きについて、誰が一番得をするか。これは繰り返して言いますが、中国です。

中国は「核心的利益」という言葉を使って、尖閣を取ると宣言しています。いままで核心的利益という言葉を使ったのはチベットとウイグルと台湾。つまり中国にとって、この言葉を使うエリアというのは自国領土であり、何があっても奪い取る。そんな領土拡張の野心に、平和主義を唱える日本の左翼マスコミが完全な後押しをする。

石平　田岡俊次さんという朝日新聞出身の軍事評論家も、〝デイブレイク〟ばりの発言をしています。記事のタイトルを見ただけで内容がわかりますが、「中国軍艦の接続水域に対する抗議は自分の首をしめる」と。

百田　抗議するな、ということですね。

石平　そうです。日本は抗議してもいけない。じゃあ、どうすればいいのでしょう？　歓迎すればいいのか？　インターネットで匿名の人が書くものとは違います。軍事専門家がメディアで堂々と公言する。『カエルの楽園』で「抗議すればまた争いになる。争いになれば我々は命を失う」とカエルたちが議論したのと同じ論調です。これを見て、中国は尖閣を奪取しても日本は何もできない、と確信したでしょう。

百田　『カエルの楽園』でも、南の草原や沼がウシガエルに襲われます。どんどん侵食された時に、訳知り顔の〝デイブレイク〟が「いや、彼らに対抗してはいけない、こんなことでむやみに戦ってはならない」とそればかり言いますね。現実も、そのとおりになってきています。田岡さんは抗議するなと言い、琉球新報は煽るなと言い、朝日新聞は脅威じゃないと言い……完全に中国のスポークスマンと化しています。

石平　そこが『カエルの楽園』の最大のポイントで、日本側にこそ最大の問題、弱点があるわけです。〝デイブレイク〟たちは、誰がどう見ても、常識的にはウシガエルのスポークスマンだと判断されるはずです。しかしばかばかしい限りなのは、実際に中国の立場を一方的に有利にする言論が日本のマスコミを支配していて、大半の人々がおかしいと思っていない点です。

国益追求の厳しさを知らない善良な日本人

石平　私が『カエルの楽園』を読んで、〝デイブレイク〟よりもさらに日本らしいと思ったのは、〝ローラ〟というメスのカエルです。物語で最初に登場したツチガエルであり、最後に登場するのも彼女。手足をもがれて死んでしまいますが、ある意味、私のなかで一番悲劇的だと思い、心を打たれた登場人物です。普通すぎるキャラクターですが、しかし、日本にいると周りの女性がみんな〝ローラ〟に見えてくることがあります。

百田　はっはっは（笑）。

石平　命からがら逃げてきた、ソクラテスたちアマガエルが、ナパージュで最初に出会ったのはローラでした。

「あなたたちはどうして、生まれた国から出てきたの？」

「ダルマガエルがやってきて、ぼくたちアマガエルを食べるのです」

「じゃあ、食べるのをやめてもらえばいいんじゃないの？」

「やめてくれないから、ぼくたちが出たのです」

「そんなおかしな話ってあるかしら」

日本以外の国の人は、このやり取りがピンとこないでしょう。しかし、日本で生活している女性たちはおそらく同じような感覚で、中国や北朝鮮には悪いことをやめてもらえばいいじゃん、と思っているでしょう。

百田　頼めばやめてくれると思っているんです。根が善良で、無知なのです。安保法制の時にも、ＳＥＡＬＤｓの学生が言いました。「中国軍がやってきたら、一緒に酒を飲んで歌を歌って戦争を止めます」と。「これが本当の抑止力だ」と。

石平　そういえばテレビで室井佑月《むろいゆづき》さんも、それに近いことを発言されていました。攻められた時にやめてくださいと言えばいいんじゃないんですか、と。

百田　無抵抗で殺されればいいんだ、と言う人もいます。森永卓郎さんは、自分は徹底して無抵抗を貫く、殺すより殺されるのを選ぶ、とおっしゃってました。やくみつるさんも、徹底して無抵抗を貫いて奴隷になってもいいんだ、と。

石平　本人が殺されるのはかまいませんが、それを周りに強要するのは困るんです。自分の信念を他人に強制しないでほしい。あなたが殺されたいなら勝手にそうすればいいけれど、国家・国民全体を語る時にその議論を持ち出して自分と同じ考えになれ、というのはあり得ません。一億二千万人の日本人がみな殺されることになっても諦めるしかないというのは、カルト宗教でしょう。

百田　「私は死にます、みんなで一緒に死にましょう」――自分の信仰を人に強制しないでもらいたい。これは言い換えれば、無理心中です。

石平　自分たちの生き方が正義であり、素晴らしい理念だと信じ込むと、みんなこれを守らなければならない、と勘違いしてしまいます。結局、「カエルを信じろ」「カエルと争うな」「争うための力を持つな」というナパージュの「三戒」と同じことになりますね。

百田　さらに言えば、現実感、リアリティがない。本当は頭のどこかで、まさか殺されることはないだろう、と思っているのでしょう。現実を知らなさすぎます。心の底では、自分の娘が凌辱されるとは思っていない。想像の世界で、美しい理想論を述べているだけです。ただし、そういう空虚な平和主義しか発言を許されないのが、日本のいまのテレビ界なのです。

石平　それが、何千万人ものローラを日本中につくりだしている。中国人から見れば、ローラのような精神状態は、はっきり言って羊と同じです。オオカミが食べたいときは、いつでも襲って食べることができる。無防備で危機感がない。オオカミすら信じてしまうような存在。

百田　オオカミに食べられかけても、まだ「ひどいことにはならない」と信じている。もうすでに自宅まで侵入されているのに。

石平　私はうちの子供に、一歳の頃から絵本を読み聞かせています。嫁がご飯を作る間、絵本を読むのを日課にしているので、よく絵本を買います。本屋さんで、手あたり次第に目についたものを一度に五〜六冊。またたくさん買ってきたのか、と時々女房に怒られるんですが……。そんな絵本の一冊に、オオカミの話がありました。いちいち内容をチェックしないので、教訓的な童話だと思って買ったんです。悪い人がいるから、ちゃんと自分の安全を考えて簡単に信じてはいけない、という話だと。

ところが違いました。この絵本を半分読まないうちに、私は捨ててしまった。息子にこれ以上読ませられなかった。なぜかというと、オオカミは友達であり、友達にならなければならないというストーリーでした。一匹のオオカミが周りの羊から嫌われている。オオカミがかわいそう、悪いのは羊たちだ。なぜならオオカミに偏見を持っているから。オオカミは実は優しい心の持ち主で、物語の最後、羊を助けることになり、羊たちはオオカミに感謝して、一緒にご飯を食べて歌うんです。こんな幼稚極まりない世界観を息子に吹き込んではいけないと思って、読むのを途中でやめたのです。

百田　日本文化は、本当にそれ一色に塗り潰されてしまいましたね。敵はいつも近くにいる、という意識がなくなってしまった。

石平　この絵本を描いた人も、ある意味ではローラなのです。

百田　戦後の〝デイブレイク〟教育を受けると、そういう善良で無知な人間が大量に生まれます。

石平　つまり、戦後の日本では〝デイブレイク〟が無限増殖したわけですね。一番上位で権威を誇っている組織は朝日新聞でしょう。大学もそうかもしれない。そこから個人に降りていって、絵本作家まで単一の考えに染まっている。私は子供に、オオカミでも誰でも信用しなさいというストーリーを読ませられません。そんな教えは、子供の人生を台無しにしてしまう。しかも、オオカミが怖いのは偏見だなんて。日本の対中世論と同じ構造ですよ。中国が侵略してくる、そう考える我々の思考そのものがいけない、そういう発言は控えるべきだ、ということになるでしょう。

百田　私は比較的、寓話を好んで読んできまして、特に気に入っているものに、十七世紀フランスの『ラ・フォンテーヌの寓話』があります。これは、ヨーロッパにある古い寓話を何百と集めたものです。

そのなかにオオカミが登場する、私の好きな話がひとつあります。オオカミが森のなかの川で、水を飲んでいる子羊を見つけます。「俺様の水を汚したな」。子羊は弁明を試みます。「私のところからあなたまで二十歩も離れています。しかも私は川下にいます」「お前は去年、俺様のひどい悪口を言ったな！」「誓って真実を申します、私はその頃、まだ生まれていません」。するとオオカミは、「では、お前の兄貴だ」「私には兄はおりません」「なら、お前の身内の誰かだ。この復讐はせねばならない」。そう言ってオオカミは子羊を食べてしまいます。この寓話が伝えている真理は、「暴君や強い奴の言い分はどこまでも通る」ということなんです。悲しいですが、これが現実です。

石平　そのとおりです。オオカミの言い分と行動は中国そのままですね。日本に対しての言い方も同じです。まず「尖閣は俺たちのものだ」と言う。尖閣は昔から正式の手続きで編入されたものだと反論されると、「うるさい！　俺たちの遠い昔の先祖が住んでいた」と言い返す。そんな事実はない、船で近海を通っただけだと日本が反論すると、最後は「お前たちは昔中国を侵略したじゃないか！」と関係ない話を持ち出してくる。

百田　もうひとつ、『ラ・フォンテーヌ寓話』で好きな話があります。ある冬の寒い日のこと、農夫は凍えて死にそうな一匹のヘビを見つけます。彼は可哀想に思い、ヘビを拾い上げて自分の懐に入れてあげました。ヘビは温まるや元気を取り戻して、本性を顕わにして命の恩人に噛みつきました。農夫は今際《いまわ》の際《きわ》にこう叫んだ。「おお、これも悪党に哀れみを与えた、当然の報いだ！」。つまり、この寓話が伝える教訓は「助けてはいけない奴は、やはり助けてはいけない」ということですね。私はこの話を読むと、戦後、日本が夥《おびただ》しいODAで中国を援助してきた歴史を連想します。日本のおかげで経済発展をとげた蛇は、今、日本に噛みつこうとしています。

石平　非常に深いお話です。これも日本の〝デイブレイク〟たちにかかれば、善良なへビの本性を現して農夫と幸せに暮らしました、などとするか、ヘビが襲ってきても絶対に抵抗しないで殺さなかったことが何よりも尊い、と結論づけて完結する。それが戦後の日本人にとって、最も共感が得られる筋書きかもしれません。

百田 そうですね。欧米の寓話というのは、ある意味で残酷な真実を描いています。

石平 だからといって欧米人に善意がないとか、人権を大事にしないわけではない。むしろ人権概念は欧米から生まれたものです。しかし他方で、現実世界の厳しさも子供にきちんと教える。それで初めて、健全な精神が育っていくのです。

百田 先日、ツイッターで面白い投稿を見つけました。なかなかいいことを言っているのです。

キッシンジャー「国家に真の友人はいない」
マキャベリ「隣国を援助する国は滅びる」
チャーチル「わが国以外は仮想敵国である」

西洋人は、このあたりの感覚がものすごくシビアですね。

石平 健全な国家観です。現実はまさにそのとおりです。

百田 ですから、こういう認識をまずしっかり持ったうえで、友好関係を築こうとするのが外交です。

石平　そのとおりです。それで初めて、バランスのとれた外交戦略が可能になる。戦後日本人の現実を無視した絵空事《えそらごと》の考え方は、まず「相手の善良を疑ってはいけない、信頼せよ」からすべてが始まるわけです。

百田　日本国憲法の前文に、「諸国民の公正と信義に信頼して、われらの安全と生存を保持しようと決意した」と書いてありますから。つまり自分たちの生存と安全は、周りの国々の公正と信義を信頼して委《ゆだ》ねます、と言い切ってしまった。この精神が七十五年間かけて、日本人に染み付いたわけです。

石平　その意味では、憲法の改正は九条さえ変えればいいという問題ではなく、日本人の精神全体に毒が回ってしまったこと。たとえば憲法前文の精神と、先ほどのオオカミと友達になれると書く絵本はメンタリティが共通しています。日本国民の現実認識、リアル世界の政治で持つべき警戒心、民族の生存の本能すべてが、憲法の精神によって麻《ま》痺《ひ》させられたわけですね。

百田　戦後、アメリカ軍（GHQ＝連合国軍総司令部）が日本国憲法を押し付けたことで、日本人の精神が変えられてしまいました。

石平　宣伝工作による思想改造は大成功だったわけですね。アメリカ人はすごい。

百田　アメリカは徹底的に自虐史観を植え付けた。悪いのは日本人、お前たちがあんなひどいことをしたから東京大空襲を受けた。あんな侵略戦争をしたから広島・長崎に原爆が落とされた。だから誰も恨んではいけない。悪いのはお前たちだ。すると、いつの間にか日本人も「自分たちが悪かったんだ」と思うようになって、広島の原爆碑に「過ちは繰返しませぬから」と書く。

石平　あの文章をアメリカ人が読んでも、誰が誰に言っているのかわかりません。

百田　過ちは繰り返しません、と日本人が日本人に謝っているんです。私たちが愚かな戦争をしたから、あなたたちが原爆の被害者になりました、ごめんなさい、と。戦後日本は、自分たちが過ちを犯した、徹底して自分たちが悪い、と考えてきた。

日本はいくつか、深刻な国際問題を抱えています。中国相手の南京大虐殺。韓国を中心とした慰安婦。それから靖國参拝。これらはすべて、朝日新聞が火をつけて炎上させたものですが、日本人が事実と違うことを唯々諾々《いいだくだく》と受け入れてしまったのは、自虐史観を植え付けられてきたからです。つまり、自分たちは昔、悪いことをした、という意識があるから、朝日新聞が書くと、自分たちの祖先はこんな悪いことをしたんだ、とそのまま信じてしまったのです。南京事件だって、本当は大虐殺なんて存在しなかった。でも朝日新聞がキャンペーンすると、日本人は、あ〜自分たちの父や祖父たちはそんなに悪いことをしたのか、悪かった悪かったと条件反射で考えてしまうんです。

石平　すると、現実にどんなことが起きても徹頭徹尾《てっとうてつび》、自分たちが悪いからだと考えるわけですね。

百田　ですから今回の中国の軍事行動についても、日本人はとにかく日本が悪い、安倍内閣が悪いことをしたせいだ、とまず考えてしまうのが習《なら》い性《しょう》になっている。

石平　それが、先に引用した沖縄タイムスの社説。安倍政権が南シナ海問題に口を出したから、G7サミットやアジア安全保障会議で中国を批判したから中国が尖閣に来てしまった、悪いのは日本だ、ということになるわけですね。ナパージュの楽園は「三戒」ともうひとつ、「謝りソング」で成り立っていることがよくわかりました。「我々は、生まれながらに罪深きカエル／すべての罪は、我らにあり／さあ、今こそみんなで謝ろう」という歌ですね。

百田　そう、「謝りソング」は日本中を覆《おお》い尽くしています。日本人は皆、無意識のうちに自尊心ならぬ「自虐心」をどこかに持たされているのです。

石平　むしろ自虐心を持つことが良識ある日本人の条件。良心の持ち主の証明になる。

百田　善良な日本人なら自虐心を持つのは当たり前、常識と見做《みな》されている。だから本当に根が深い問題なんです。本来、自虐が知的であるかのように洗脳されていなければ、二十万人が強制連行されて慰安婦にされたと聞いたり、日本軍が南京で三十万人の非戦闘員を虐殺したと聞かされても、「ウソや！　日本人はそんなことせんやろ！」と素直に反応するはずなんです。あるいは、「真実だと証明できるのか？」「証拠はあるのか？」と言うはずです。ところが、自分たちは悪いという価値観を問答無用で植え付けられているから、ほとんど条件反射で「あ～日本人はそんな悪いことした」と考えるのが当たり前のようになってしまった。疑問を呈することさえ許されない空気が支配している。完全に捏造《ねつぞう》なのに。チンピラに言いがかりをつけられたらパーンとはねのけて当然なのに、戦後生まれの日本人はその勇気がなかったんです。

地獄への道は善意で舗装されている

石平　外国の言い分を鵜呑《うの》みにしてしまうバカ正直に加えて、中国人や韓国人、アメリカ人よりも大きな声で、当の日本人のなかに「日本がこんなに悪いことをした」と煽り立てる人々がいるのは、さらにタチが悪いです。韓国が慰安婦問題で日本に批判的になるのはある意味当然だし、仕方がない側面もある。でも一部の日本人は、韓国人よりもずっと激しく、日本人が悪いと主張している。むしろ日本側が先に騒ぐことで、韓国に飛び火させてしまったわけですね。

百田　そうなんです！　もともと戦後四十年近く、韓国は慰安婦を問題にしてこなかった。ところが、朝日新聞がいわゆる吉田証言を大々的に取り上げて初めて、韓国は、日本で騒いでいるからこれに乗って外交カードにしようということになった。南京大虐殺も同じで、中国のお膳立てに朝日新聞が乗っかって大々的にキャンペーンを始めましたが、もとは捏造、戦時プロパガンダです。

一九七〇年代に、本多勝一《ほんだかついち》という朝日新聞の記者が中国へ旅をして、朝日新聞で四十回連載した。そのなかで南京大虐殺のことを大きく取り上げた。多くの日本人はびっくりして、こんな悪いことをしたのかとうちひしがれた。しかも、本多勝一はまったく裏取りの取材をしていないんです。一泊二日の南京滞在で四人の証言者に会っただけ。彼らの言い分をそっくり受け入れて、日本軍はこんな悪行をした、と書き散らした。呆れたことに本多はのちに、「『中国の視点』を紹介することが目的の『旅』であり、その意味では『取材』でさえもない」と語っています。

石平　そういう中国の手口を、私はよくわかっています。共産党は、証言者四人どころか、三百人でも一夜にして用意できますよ。三千人だって可能です。

百田　ははははは（笑）。

石平　自分たちの正しさを証言するサクラを一夜にして何人でも出せるのが、中国共産党政府です。想像がつきますよ。本多さんと会う前日に、会議を開くんです。共産党の幹部が来て、お前がこの部分を言え、お前はこっちを証言しろ、と事前に話を合わせて全体像を作り上げる。本多さんがどこまで中国側の狙いを理解していたかは知りません。とにかく大虐殺の話を聞かされた。だいたい中国では、虐殺のエピソードを作り上げるのにそんなに時間は必要ない。歴史上、数えきれないほど実話がありますから。ディテールを借りてきて全体像を整えるまで、一日あれば十分ですよ。

百田　当時、中国共産党はまだ、南京大虐殺に正式に抗議していなかったでしょう。

石平　南京大虐殺なんて意識していませんでした。その証拠に、毛沢東も周恩来も生前、これに全く言及していません。私が中学生の時に勉強した歴史教科書にも、一切書かれていませんでした。要は、本多勝一さんが書いて大成功したから「そうか、これは使える」と中国にフィードバックされ、それから日本を譲歩させて、中国の言うことをきかせる武器として大々的に宣伝されるようになったわけです。

百田　繰り返しになりますが、結局、本多勝一と朝日新聞のキャンペーンに多くの日本人が疑問を感じなかった最大の理由は、自虐史観があるからです。否定したり、疑問を持ったりする前に、そうだったのか、とまず反省してしまった。

石平　憲法前文の価値観。三戒の「カエルを信じろ」ですから、〝中国ガエル〟も〝本多ガエル〟も信じてしまう。「カエルと争うな」ですから、信じて争わない。

百田　もうひとつ、日本は先進諸国に比べて圧倒的に、新聞やテレビなどマスコミの言うことを信じる人が多い。特にテレビの影響力は絶大です。国民の七割がテレビの言うことを信じています。他の先進国、アメリカやイギリス、ドイツではだいたい二割から三割の人しかテレビを信用していない。ただ娯楽として見ているわけです。日本のテレビに対する信頼度は、中国、フィリピン、ナイジェリアなど、発展途上国並みです。

石平　みんなテレビが大好きで、長時間よく見ているし、放映されたことが本当のことだと信じている。

百田　そう。テレビの情報番組やニュースのコメンテーターの影響力が強すぎるから、日本の言論空間も世論も完全に歪《ゆが》んでしまう。キャスターの言葉を鵜呑みにするんです。

私がＮＨＫの経営委員をしていた二〇一四年に、「ニュースウォッチ９」というニュース番組で、キャスターが「在日韓国・朝鮮人は強制連行されてきた人の子孫」なんて大ウソを堂々と言いました。「経営会議」で「事実に反する」と発言しましたが、議事録には載りませんでした。

石平　『カエルの楽園』を丹念に読むと、結局、楽園の運命を最終的に決めてしまうのは〝デイブレイク〟です。元老会議《げんろう》で政治家が今後のことを心配し、将来あるべき姿を構想していく。でも結局、〝デイブレイク〟が世論をコントロールすることでひっくり返されてしまう。結局、元老会議も「話し合いなど無駄だ！」「『戦いをするための協定』に賛成した元老たちをやっつけてしまえ！」との声に煽動された若いカエルが襲撃して乗っ取られます。〝デイブレイク〟が世論をリードして、ナパージュを一歩一歩滅亡に導くんです。日本の現実も同じです。

百田　今回、『カエルの楽園』について、版元（新潮社）の編集者がとても面白い推薦文を書いてくれました。「最大の悲劇は、良心的な愚かさによってもたらされる」。日本人って善良なんです。同時に、すごく無知なんですね。

石平　善良な無知がもたらす悲劇で最大の犠牲者となるのも、善良な人々自身です。私が一番、心を打たれた〝ローラ〟がそうでしょう。だからおそらく、百田先生は物語の最後にローラを登場させた。

百田　戦後の自虐史観の行き着いた先が、憲法九条があるから日本は平和だ、九条を持つから日本は素晴らしい国なんだ、という信念です。改憲できずに七十五年も経ち、一種の宗教になってしまいました。信仰になっているのです。

石平　理屈はいらない、論理的な説明は寄せつけないわけですね。

百田　そうなると、私がいくら憲法九条はおかしいとあちこちで繰り返しても、多くの人は考えをなかなか改めない。論理的に正しいことを言っても通じないんです。なぜかというと、一種の信仰だから。宗教に嵌《はま》った人間を改宗させるのは大変なことです。神があると思っている人間にとって、そのことは宗教的真実ですから、否定することはできない。ですから、この言論戦は長い戦いになるんです。

石平　しかし、この戦いに勝たなければ……。

百田　日本は終わります。

石平　残念ながら、『カエルの楽園』で描かれたとおりの結末になってしまう。

百田　尖閣問題にしても、まず漁船が入ってきて、海上保安庁の船に体当たりした。でも普通に考えれば、漁船で事が済むわけがない。論理的に考える人は、皆、これはエスカレートすると見ていた。そして予想通り、次に海警の公船がやって来ました。やがて侵入が常態化します。さらにエスカレートすると、次はどうなりますか。当然、今度は軍艦が来るだろうと考える。本当に軍艦が接続水域まで来ました。次は領海への侵入です。すると次は何か。こんなこと、誰だって予測できるんです。今度は、常時領海に居続けるか、尖閣に上陸してくる。そこで小競り合いがあれば、実力行使に出てくる。ベトナムやフィリピンを相手にした時と同じで、日本よりも力で明らかに優勢になったとみれば攻撃してくるでしょう。先に手を出してきたのは日本だ、と偽の宣伝をして。中国側に犠牲者が出たということにすれば日本の世論は沸騰し、戦争をやめろ、撤退しようとデモ隊が国会前や街頭に繰り出す。

　中国の出方を冷静に考えれば、いずれ必ず軍事力の行使に辿り着くんです。ところがマスコミは一切、その危険を説明しないし、劣勢にならないよう備えを固めるべきだとも言わない。戦争の危機が迫っているのに、回避する具体的な対策には口をつぐんでわざと無策を奨励し、侵略を誘っているわけです。

石平　それは想像力がないのか、それともわざと危険を見て見ぬふりをしているのでしょうか。

百田　わざとです。次に中国が何をしてくるか、誰が考えてもわかることに一切口をつぐんでいる。

石平　やはり宗教とはそういうものですね。宗教的信念や思い込みから人間はどうして抜けられないかというと、ひとつは、いったんこれを正しいと信じてしまうと、信仰にとって都合の悪い、相反する情報を自動的に排除する心のメカニズムがある。見ないようにするわけです。逆に、信仰心を増幅させる都合のいい情報はすべて取り入れる。人間は嫌いな情報、受け入れたくない情報は無視して、存在しないことにできる。

百田　たしかにSNS、ツイッターでそういう機能があるらしいですね。つまり、自分が気に入らない発言者のツイート（つぶやき）を見ないように、自動的にシャットアウトするブロック機能がある。〝デイブレイク〟を信じている人たちは、自分たちだけで先鋭化していきます。安保法制反対のデモや、その後の選挙で盛り上がっていった光景がそれです。だから彼らは選挙に負けたわけですが……。

信ずる者は救われない

石平　〝デイブレイク〟信者のツイートは興味深いですよ。尖閣問題で、百田さんや私のツイッターの発言に、こんなリツイートをして絡《から》んできた人がいました。

「百田尚樹氏って誰かと思ったらネトウヨの王様かw　カエルの楽園という極右ヘイト本で世の中洗脳しようとしてる最低な奴」

百田　ははは（笑）。

石平　この人がどういうツイートをしているか、後学のために見てみました。すると驚いた。やはり、『カエルの楽園』そのままなんです。たとえば、六月九日に中国軍艦が尖閣諸島の接続水域に侵入してきたのは「日本の侵略を憂慮しての事だろう」と。「自民党は恥を知れ」、なぜ急に自民党の話になるのか。「皆さん、次の選挙では民進党に投票しましょう。極右ナチス自民は島ごときに自衛隊の命を使う気です」。この人は「敗戦国は戦勝国に従うべき。戦後も反省なく、日本は離島を侵略している」「中国が正しいと思う。日本は侵略をやめるべき」「尖閣を中国に譲りましょう」とも書き込んでいます。

百田　戦後七十年経っても、ひどい自虐が続くものですね。

石平　背後にあるのは自虐史観ですが、もうひとつ九条信仰も見逃せません。「翁長《おなが》沖縄県知事（当時）には頑張って欲しい。米軍基地撤退すれば平和になるよ。中国が攻めてくるなんてネトウヨとレイシストのデマだから。憲法九条がある限り攻められる事はあり得ない」

軍艦が領海に侵入してきた時、この人は何を書いたか。

「日本が譲るべき。別に中国の船が来てもいいじゃん。日本が我慢すれば戦争にはならない。戦犯国として、わきまえた外交をするべき」

全部、『カエルの楽園』に出てきたセリフです。この人は、絶対読んでいないと思いますけど。

百田　たしかに日本が抵抗しなければ戦争にはなりません。相手が攻めてきても抵抗しないなら、『カエルの楽園』で描いたとおり、単に虐殺されるだけです（笑）。

石平　続いて、「日本領海に中国軍艦が入ってきたのは、安倍政権が憲法九条を変えようとしてるから」。この人のなかでは、原因と結果が完全に逆になっています。中国の脅威があるから憲法九条を変えるのではなくて、九条を変えるから中国の軍艦が攻めてきた。そう解釈する。もしそうなら、中国が日本を武力で占領しても正しいことになります。日本が憲法九条を変えるから、憂慮して危機感を抱いた中国が日本を占領したのだ、という理屈が通ってしまう。

百田　このままでは日本が戦争を起こすから、その前に中国は占領するというわけですね。

石平　軍艦の領海侵入に「度が過ぎている」と政府が反発したというニュースに、この人は「敗戦国が言えた事かよ」と。「世界が批判してるのは日本　大戦時の被害者に謝罪するどころか開き直り、賠償も拒否。厚顔無恥《こうがんむち》な哀れな国」とツイートしている。

たとえこの人が外国人だったとしても、『カエルの楽園』に書いてあるとおり、我々の謝罪が足りないから周辺の国々を刺激する、だからもっと〝謝りソング〟を歌いましょう、という日本的な自虐をなぞる考え方なわけです。憲法九条があるから戦争が起きない、というのも「三戒」そのままですね。百田先生だけでなく、私に絡んできたツイートもちょっと面白いので紹介しましょう。軍艦の侵入について、私が尖閣が危ない、沖縄も危ないと書いたところ、こんな返事を送ってきた人がいました。

「彼らとの対話がまずは大切です、なぜ日本は好戦的に刺激するのか。安倍政権がゆるせません」

中国が軍艦を日本の接続水域に侵入させたのに、彼らの頭のなかでは、中国が刺激しているのではなくて日本が刺激していることに変換されてしまう。結論は安倍政権が悪い。それで私のフォロワーが、「それはおかしいのではないですか」「好戦的に刺激しているのは中国ですよ」とツイートした。

百田　真っ当な論理ですね。

石平　「あなたの発言は、対話しない中国のいいなりになります。ということになりますよ。ウイグルやチベットの現状は知ってるでしょう?」と。その人は何と返事をしたか。「ウイグルやチベットと、日本は違います。日本は憲法九条によって長年平和を享《きょう》受《じゅ》し、対話で問題を解決してきました。安倍政権は情報操作で危機的状況をあえて作り出して憲法改正を狙っているのです」と。またまた別のカエルの登場です。

百田　私も、そういう人と一回喋ったことがあります。あくまで対話が大切だという。となると、ウイグル人とチベット人は対話で問題を解決できなかった。彼らがあんなにひどい目にあっているのは対話が下手くそだったからですか、ということになります。

おかしいですね。

石平　『カエルの楽園』ではまさに「ウシガエルの国で毎日彼らに食べられているカエルたちは、話し合いが下手くそなカエルということですか」というセリフがあります（笑）。

百田　自虐思想と九条教に染まった人たちは、全然、現実を見ていない。米軍基地がなくなれば平和になるというのは、歴史を知らないだけ。中国共産党がこの五十年間で、どれだけ力ずくで領土を拡大してきたか。彼らのやり方はわかりやすい。まず、インドシナ戦争でフランスがベトナムから撤退すると、西沙《せいさ》諸島の東側を奪った。ベトナム戦争の末期、アメリカ軍が南ベトナムから全面撤退すると、翌一九七四年に戦争をしかけて西沙諸島全域を南ベトナムから奪い、軍事占領しました。八八年に本格的な滑走路を完成させるや、今度は南沙《なんさ》諸島（スプラトリー諸島）に侵攻してベトナム軍を撃破、占領。フィリピンでは九二年に米軍が撤退すると、九四年にフィリピンが実効支配していた南沙諸島のミスチーフ礁を占領し、二〇一二年にはフィリピンの排他的経済水域（ＥＥＺ）内のスカボロー礁（中沙《ちゅうさ》諸島）を軍事占領して人工島を埋め立て、軍事拠点を建設しています。中国は米軍がいなくなれば、すぐ領土を奪いに来るんです。

ですから中国にとって、尖閣に軍事行動をしかける時の最大の障害は米軍の出方なのです。米軍が出ないと確信すれば、必ず奪いに来る。中国にとって、沖縄の米軍が出てくるかどうかの読みが一番難しい。米軍を追い出したいから、沖縄県民と米軍を仲違《なかたが》いさせて日米同盟に楔《くさび》を打ち込み、米軍を出動できなくするか、撤退させる。中国は尖閣を奪取するために、沖縄だけでなく日本国内のあちこちで工作をしています。

石平　沖縄については第5章で詳しく話しますが、「オール沖縄」を標榜《ひょうぼう》して米軍基地廃止に向けた運動をしているのは、中国にとっての最大の障害を沖縄県民自らが取り除いてくれていることを意味します。習近平は、進んで中国のために働いてくれる馬鹿が日本にいる、とほくそ笑んでいますよ。そんなに中国のために頑張ってくれているのか、ありがたい、と。

紹介を続けましょう。私のフォロワーが、「国土を奪われますよ。あなたは犯罪にあったとき、なにもしないで、ただされるがままなのですか」と訊いた。そうすると、「いいじゃないですか。徹底的非暴力で対応すればよいのです。非暴力の相手は攻められないのです。相手に常識があれば、たとえ殴られても殴り返さなければ、それ以上は広がりません」。これも『カエルの楽園』のなかにあるセリフ。「ナパージュのカエルは戦ってはいけないんだ。徹底的に無抵抗を貫くべきなのだ。もしウシガエルがこの国に攻めてきたら、無条件で降伏すればいい。そしてそこから話し合えばいい。それが平和的解決というものだ。戦ったりすれば、多くのツチガエルが死ぬことになる」。やはり見事に現実を先取りした、予言の書です。

百田　日本人にとっては不幸なことですが。

石平　尖閣についてこの人は、「こんな孤島、日本にとって重要でない。中国にあげても問題ないはずだし、それで平和になるならいいのではないだろうか」「たとえ勝ったところで、何の役にもたたない壁の崖を手に入れるだけのことです。そんな争いはまったく無意味」という〝デイブレイク〟のセリフそのままです。

百田　そんな無意味な領土を奪い返すために、経済を犠牲にしてまで戦争の代償を支払うのか。これが中国の脅しのやり方で、徐々に領土を広げる「サラミスライス戦術」です。一枚一枚薄くサラミを切っていくように、一歩一歩進んでいって、ここまでならいいだろう、と限りなく譲歩させていく。

石平　「平和になるなら少しくらい領土をあげても、別にいいでしょう。自衛隊員の命が危険にさらされるくらいなら、諦めたほうが賢いと思いますよ」と考えるのは、思う壺ですね。

百田　日本人は、領土問題への意識が薄すぎます。たとえば、イギリスは一九八二年のフォークランド紛争でアルゼンチンと戦いました。当時のイギリスの内閣も、戦争に踏み切ることには消極的でした。すると、サッチャー首相が机を叩いて怒った。「ここには男は私しかいないのか！」と。女性首相の痛烈な皮肉です。それで閣僚たちも領土問題の重要性を改めて認識し、戦争で奪い返した。

日本の教訓は民主党政権です。二〇〇九年に政権交代して、「米軍基地移設は最低でも県外」と首相が発言した。すると翌年九月、中国漁船が海保の巡視船に体当たりしてきました。それまで、自民党政権では一度もなかった事件です。ベトナムとの領土紛争では頻繁に体当たり攻撃をしていましたが、これを日本の船舶に対して実行してきた。

しかも民主党政権は中国人船長を逮捕したあと、超法規的処置ですぐ釈放しました。これで中国を含む周辺国に、ああ、この国の政府は領土を守る気がないんだ、と判断する態度を見せてしまった。

二〇一二年四月に尖閣諸島の東京都購入問題が起きて、六月に当時の丹羽《にわ》中国大使が「購入が実行されれば日中関係に重大な危機をもたらす」と発言しました。

石平　その直後、八月に韓国の李明博《イミョンバク》大統領が初めて竹島に上陸した。

百田　そう。それは実は大変なことなのです。なぜなら、竹島を奪ってから、韓国の大統領は一度も上陸していなかった。もうひとつ、漁船衝突直後の二〇一〇年十一月と、丹羽発言の直後の一二年七月にロシアのメドベージェフが北方領土を訪問したことも。それまでロシアの大統領も首相も、ソ連時代の書記長も、北方領土に上陸したことはありませんでした。

ロシアの大統領（その後、首相）と、韓国の大統領がそれぞれ北方領土と竹島に初めて上陸したんです。これはすべて、尖閣諸島の一件で日本は領土を守る気がないという意思表示を世界に向けてしてしてしまったからです。

石平　その後、日本では幸い安倍内閣に再び政権交代して、ロシアも中国も様子見していますが、もし民主党政権があのまま続いていたら、どうなっていたかわかりません。

百田　弱くなれば奪いにくる。これが国際社会の常識です。中国とロシア、韓国もその常識に従って動いているだけのこと。

石平　そうです。要は、国際政治の現実で起きることはすべて、カエルたちの考えることと正反対だと思えばいい。『カエルの楽園』に当て嵌めれば、〝デイブレイク〟や〝ローラ〟らツチガエルが考える真逆のことが現実と思えばわかりやすいでしょう。

百田　隣国が日本に非常に友好的で、国際的にも平和貢献に力を入れている国ならともかく、国境線を力で変更する、世界秩序の挑戦者として、過去十年だけで軍事費を四倍に膨張させている国ですよ。覇権を唱える侵略国家から自国を守ろうとするのは当たり前でしょう。

石平　問題は日本が防衛に力を入れるのを妨害する人々が多いこと。彼らの認識では、自分たちこそ正義、日本のほうが中国より無条件で悪いのですからどうしようもない。

百田　隣国の領土を奪う、と公然と宣言している怖ろしい国ですよ、許せませんね。

石平　ですから、六月以降の中国の出方に切迫した危機感を持つわけです。ひとつは尖閣への軍事侵攻へと段階が進んだこと。さらに深刻なのは、日本の報道、言論が完全に『カエルの楽園』のストーリーを半分以上、なぞってしまっていること。このふたつの現実が、六月九日からのわずか一週間で実現してしまいました。侵略のペースが加速している。私から見れば、日本にとって戦後最大の国家的危機が訪れています。

百田　石平さんの言うとおりです。多くの日本人が、危機にまったく気づいていない。こんな怖いことはありません。私は毎週、「虎ノ門ニュース」で、中国船がまた尖閣に侵入したと怒っていますが、すでに毎日、海警の公船が来ているのにほとんどの新聞が書かない。最初は書いていましたが、侵入が常態化するともう書かなくなる。

石平　もし軍艦が毎日侵入するようになれば、いずれ書かなくなるでしょう。軍隊が居座ってしまえば、尖閣は戦わずして奪われてしまいます。

百田　中国はそれを待っています。そのためには何でもやる国です。

石平　それこそ、有名な茹《ゆ》でガエルの譬《たと》え話です。徐々に温度が上がる水のなかに、危機感がないカエルが留《とど》まって死んでしまう。気がついた時はもう遅い。ここにも、カエルの譬えが当て嵌まりますね。

百田　本当に怖いことです。

第3章

中国はなぜ日本侵略を企むのか

人が住めない環境、暮らせない社会

石平　私にとって、中国の日本侵略の現実味に気づかされたのが『カエルの楽園』でした。中国人からみれば、日本は一番侵入しやすい、弱い相手だということが、すべての場面から読み取れたのです。はっきり言って、台湾よりも沖縄のほうが、奪取するのはずっと簡単です。

百田　ナパージュがウシガエルに、戦わずして領土と生命をどんどん奪われていくシナリオに現実味があるとお考えなのですね。実際に尖閣《せんかく》を奪われ、沖縄を奪われれば、日本のシーレーンは中国の支配下に置かれますから、軍事的な脅しに屈するしかなくなる。中国共産党の狙いは、日本の領土に中国人を大量に入植させることでしょう。いま国内に人が住めなくなっていますから、国外に中国人の住むエリアを作ろうとしている。

石平　そうです。第一に環境破壊、第二に極端な格差と経済崩壊による二億六千万人の流民《りゅうみん》の処遇、第三に一人っ子政策の歪《ゆが》みによる三千四百万人の「男性余剰」の問題を解決するには、「中国人の生存空間を国外に求める」しかないのです。これは彼らにとって、

きわめて論理的な結論です。

中国の環境問題はPM2・5で有名な大気汚染だけでなく、砂漠化や水質汚染、水不足で彼らの生存空間が破壊され、狭められているために、国外に出なければ生きていけないし、領土を新たに獲得しなければならない。『カエルの楽園』で言えば、「南の沼」から上がってきて「南の崖」を占拠しただけでは足りず、「南の草むら」を奪うということです。

百田　もうひとつは人口十四億人の中国人が食べる食料と、豊かな生活を送るためのエネルギーをどうやって手に入れるかですね。

石平　先に触れた水資源の確保もそうです。中国のエリートたちが天下国家を論じる時によく出てくるのが、「生存空間」という言葉です。いま、中華民族には「生存空間」が足りないというのが彼らの常識であり、最大の危機意識です。彼らの頭のなかでは「生存空間」の確保が何よりも優先され、領土をめぐる係争をどうやって解決するか、という問題は二の次です。中華民族の「生存空間」が狭くなったので、拡大するのは当たり前。ということは必然的に、他国の領土に進出し、奪う算段を立てているわけです。

生存空間とは何か

石平　生存空間とは、十四億人の中国人民が満足に暮らしていく環境全体を指す用語です。民族が生存していく基本要素として水と空気と土地が必要ですが、中国ではいずれも汚染が進んで、ほとんど回復不可能な状態です。その結果、中国大陸といういままでの生存空間は、人が生存できないようになってきたのです。

まず水問題から見ていきますと、中国全土で水不足が深刻化しています。二〇〇七年の政府発表によると、全国六百六十都市のうち五百十一都市が水不足に陥《おちい》っており、なかでも百十都市はとくに深刻な状況だと指摘されています。中国の水資源は人口に必要な量の三割しかなく、今後の枯渇をどう乗り切るかは国民全体のテーマと位置づけられています。

にもかかわらず、水質汚染が深刻です。全国の地下水源の八〇%と地下水の四五%がすでに汚染されており、都市部に限れば地下水源の九七%、地上の水源の九〇%がコントロール不可能な汚染を受けてしまっているのです。すでに二億人以上が安全でない飲み水を使っています。

さらに淡水系の五割、海域でも渤海《ぼっかい》の七九%、東シナ海の七八%、黄海《こうかい》の四五%、南シナ海も二八%が漁業に適さない水質になってしまったと報道されています。

水質汚染と並んで、大気汚染もひどい状態です。すでに二〇〇六年、中国の全都市の三分の二近くが、大気汚染問題を抱えていることが国家環境保護局の報告で明らかになりましたが、とりわけ石炭の産地で石炭火力発電に頼っている北部の山西省や北東部の遼寧《りょうねい》省、北京市、天津市、河北省の三十九都市の汚染度がひどく、マスクが必要どころか、「もはや人類が暮らすことのできない程度にまで汚染が広がっている」と中国人自身が指摘するほど悪化しています。

その結果として、たとえば二〇一三年の中国で、大気汚染を原因とする死者は九十一万六千人に及んだと、清華大学と米の研究チームが発表しました。このままでは、二〇三〇年に年間最大百三十万人が犠牲になると警鐘《けいしょう》を鳴らしています。中国では肺ガン患者が毎年二七％ずつ増えているといわれ、ガンによる死因の第一位です。たとえば二〇一二年に新しく肺ガンになった人は世界で百八十二万人でしたが、そのうち三割以上の六十五万人を中国人が占めた、とＷＨＯが報告しています。

このように、人間が生きていくうえでもっとも大事な水と空気の両方が深刻に汚染されているのが、中国の現状です。汚染は水と空気に留まらず、中国人が暮らす大地そのものも年々蝕《むしば》まれており、その代表例が「水土流出」という現象です。

中国の多くの地域では、地表を覆《おお》う森林など植被層が破壊され、保水能力が低下した結果、傾斜面の土地では雨水が地表近くに留まることができず、どんどん流れていきます。同時に、土壌も雨水と一緒に地表から流れ出してしまい、泥水となって河川に集まり、最終的には海へ流出してしまう。つまり、大地から水と土という二つの大事な資源がいっぺんに失われることを「水土流出」というわけです。

たとえば黄土《こうど》高原では現在、全体で毎年一センチメートルの表土が流出し続けています。研究者の推算では、自然な状態で一センチメートルの厚さの表土を形成するには百二十～四百年が必要とされていますが、それがわずか一年で失われるわけです。「水土流出」が進むと土壌がますます痩せてしまい、植物や動物などの命を育《はぐく》むことができなくなってしまいます。その先に待っているのは土地の荒廃、荒れ地化です。現在、中国全土で水土流出が進んでいる土地の面積は三百五十六万平方キロメートルで、国土の何と三八％を占めています。

それに追い打ちをかけているのが、国土の砂漠化です。中国国家林業局の発表によると、二〇一四年時点で荒れ地化したのは二百六十一万平方キロメートルで、国土面積の二七％、四分の一以上ですが、砂漠化した土地は百七十二万平方キロメートルに達し（日本の総面積の四・六倍）、国土面積の一八％、六分の一以上が砂漠化したというのです。現在も進む国土の荒廃で、四億人以上の生活に影響が出ているといわれます。

すでに二〇〇一年三月の段階で、中国経済界で評価の高い「新経済」という専門誌が、国土荒廃問題について専門家の論文を掲載しています。論文はこの時点で、次のような分析をしています。

「二〇〇〇年現在、中国全土では、砂漠・ゴビ・山岳地帯などからなる『荒漠《こうばく》地帯』、すなわち人間の生息に基本的に適さない土地の面積は三百万平方キロを上回り、国土総面積の約三分の一を占める。そして、水土流出などによって『荒漠化途中』の土地は約三百六十万平方キロで、国土総面積の三八％に相当する。最後に、いまだに荒廃していない、より良質の土地面積は三百万平方キロ足らずで、国土の二九％にすぎないのである」

これはいまから十五年も前の国土事情ですが、現在も状況は改善していません。むしろ悪くなる一方ですし、しかも注目すべきは、中国の国土の三分の一は、実は人の生息に適しない「荒漠地帯」だという指摘です。これが衝撃的なのは、事実に即して考えてみるとわかります。たとえば、中国の西部地域で「荒漠地帯」の代表格である新疆《しんきょう》ウイグル自治区、チベット自治区、青海《せいかい》省の三つの行政区を取り上げてみますと、三つの地域の総面積は三百五十八万平方キロメートルでほぼ国土の三分の一にあたりますが、総人口はわずか二千七百万人で、全人口の二％にすぎません。

すると、総人口の九八％が暮らしているのはそれ以外の三分の二の土地ですが、その半分はまた「水土流出で荒漠化が進んでいる最中」の土地です。結局、このまま荒廃が進めば、十四億人の中国人民にとっての「生息に適する良質の土地」、つまり国民に必要な「生存空間」は全国土の三割未満になってしまいます。しかも、その三割に属するはずの数多くの都市が水不足に苦しみ、地下水と地上水の大半が汚染されていて、至るところ汚れた大気に覆われているのが実情です。

百田　聞いているだけで、背筋が寒くなってきます。まるで、ディストピア小説のあらすじを聞かされているようです。いや、ホラーSF小説の設定です。

石平　これが、中国という巨大な公害国家が置かれている厳しい現実です。当然のことながら、今後、こうした状況が大きく改善される見通しはまったく立ちません。むしろ環境破壊はますます深刻化していく、と専門家は警告しています。なぜなら、中国人民はさらに豊かになろうと本格的な大量生産、大量消費の産業社会の建設に向かって一路ひた走っているからです。

では、わずかに残った三分の一弱の「良質な国土」もどんどん汚染され、環境が破壊されていったら、十四億人の民は一体どこで生存していけばよいのでしょうか。当然、中国人民は自国の外に自らの生存空間を確保していかねばなりません。これこそ、二十一世紀の世界に突き付けられた最大の難題のひとつなのです。

百田　中国の政府高官は、子弟を世界中に移住させていますね。

石平　もちろん、数千万円以上をかけて子供に海外で高等教育を受けさせ、永住権を取得できる高官たちの家族にとっては、生存空間の問題は解決しています。しかし、そんな経済力のある階層は人口の最上位二％にすぎません。庶民たちは困っています。

最下層の流動人口、「男余り」、無戸籍者

石平　二〇一三年に政府が正式に発表した数字ですが、安定した生活基盤を持たず、職場と住居を転々としている流動人口が二億六千万人、そのうちの八割が農村戸籍を持つ、いわゆる農民工で、平均年齢は二十八歳とされています。この「暴動者予備軍」とされる、農村から都市部に流れてきた出稼ぎ労働者をどうするか。彼らははっきり言って、奴隷的な存在です、今後、そういう人々の生活をどう安定させるか、政権の死活にかかわる問題です。

中国の経済成長は、もっとも安い賃金で働く彼らの犠牲のうえに成り立ってきました。農民から土地を取り上げ、開発した土地に投資してインフラや工場、住宅を建設する。土地を失った農民たちが農民工として安価な労働力となり、主に輸出向けの加工産業などで低賃金労働に従事し、リーマンショック以降は公共投資や不動産バブルに吸収されて、建設現場で働いてきました。しかし不動産バブルの崩壊と低成長によって、彼らは

切り捨てられます。土地がありませんから、農村に帰ることもできません。中国にはまだ七億人もの農民がいるのです。二億六千万人もの怒れる不満層をどう養うのか、中国社会の抱える時限爆弾です。

百田　上海や北京などの大都市では、貧困層が地下に住んでいる。「鼠族《ねずみぞく》」といって、ネズミのように地下で暮らしているそうですね。日も当たらず、換気の悪い地下二階、三階に相部屋で暮らしている。

石平　彼らも地方出身の農民工、流動人口の一部です。非正規労働者層ですから地上の賃貸住宅の家賃が払えず、窓もない地下のマッチ箱のような部屋で暮らす。農民工は都市戸籍者の四割以下の賃金しかもらえません。都市戸籍がないので、住宅やクルマも買う資格がなく、教育・医療等社会保障のサービスも受けられない。地下で暮らす何百人が、ひとつのトイレを共有している。地獄のような生活です。

百田　「蟻族《あり》」というのもいますね。大学を卒業しても就職できない地方戸籍の若者が百万人いると。安アパートの一室に六、七人で共同生活している。大都市には「蟻族」たちの村があると言います。

石平　一九八〇年代生まれで、大学を卒業しているのに収入の低い若者です。仕事が見つからない、あるいは非正規労働で賃金が安いため、一人で住む部屋を借りられず、何人か集まって劣悪な環境で共同生活を送る若者が、北京だけでも十万人、上海その他にも多数いて、全国で百万人を超えると推計されています。大卒でも三割しか正規の職は得られません。中国はすでに、究極の格差社会なのです。

百田　だから、尖閣にちょっかいを出す前に国内問題をなんとかしてほしいと思うけれど、無理な相談ですね。国内の不満分子を放っておいたら自分たちが政権の座を追われ、殺されるから、命がけで領土を拡張してくる。

石平　国内問題を解決できないから、戦争も辞さずといって中国人の生存空間を拡張しなければならない。習近平政権が領土で強硬姿勢を崩さない背景に、二億人以上の怒れる下層民の存在があるのです。

もうひとつ、中国の深刻な人口問題に、結婚適齢期の男女比のバランスが崩れていることがあります。長年の一人っ子政策に男尊女卑が加わり、後継ぎに男の子を求める家庭が多く、妊娠中の子が女の子だとわかると中絶したりで、出生する男女比が一二〇対一〇〇と歪《いびつ》になった結果、すでに三千四百万人もの「男余り」状態です。

確実に結婚相手がいない若い男性が、社会への不満を蓄積する。考えてみれば、これも深刻な社会問題です。しかも、三千四百万人の適齢期の女性を短期間で確保するのは不可能ですから、国内で解決することは物理的にできません。そうなると、余った男たちを外国に送り込むしかない。領土を増やして流動人口を送り込むメリットは、ここにもあります。沖縄や本州、九州を乗っ取って、日本人女性と強制的に結婚させる。表向きは、当人たちの自由意志に基づく「最大の友好事業」という宣伝がされるでしょう。三千四百万人の怒れる男の一部でも日本女性と結婚させることができれば、皮肉な「世紀の友好」になりますよ。少子化と人口減少、過疎化に悩む日本が狙われているのも、皮肉な話です。

百田　たしかに最近、発展途上国の女性を騙したり、誘拐して連れて来て、中国人の嫁にしていることが問題になっていますね。出稼ぎと称して外国女性を勧誘し、そのまま中国で結婚させられてしまう。

石平　農村に多い外国人花嫁ビジネスです。フィリピン、ベトナム、ミャンマーから連れてきます。

百田　さらに、中国には黒孩子《ヘイハイズ》の問題がありますね。戸籍のない子供が、少なくとも一億人はいると言われている。

石平　五千万人か一億人か、統計がないから正確な数はわかりません。一人っ子政策に違反すると年収の何倍もの罰金が科せられ、払わないと戸籍は与えられない。こうした子供たちは法律上は存在しないことになっていて、進学も就職も、医療サービスも受けられず、社会的にも存在を否定されつつ、どうにか暮らしています。

百田　中国政府は黒孩子、闇の子供を一千三百万人と発表していますが、そんな数ではあり得ませんね。二億人くらいいるのではないか、という学者もいる。

石平　流動人口も「男余り」も無戸籍者も、数が多すぎて通常の手段では解決できません。人口問題だけでも、中国は領土拡大に乗り出さざるを得ない。これが現実です。

百田　中国は近年、アフリカ諸国やオーストラリアに大量に移民を送りこんでいますが、国内の人口問題の解決策のひとつなのでしょうね。二〇一六年に、無戸籍者に戸籍を与える方針を打ち出しましたが、これは人道的見地からというよりも、おそらく彼らにパスポートを与えて、海外に移民させる目的のためと睨《にら》んでいます。

海洋強国建設の狙い

百田　かつての中華帝国は大陸に閉じこもり、海洋進出に関心がありませんでした。外国は夷狄《いてき》（未開の野蛮人）で、中国皇帝の徳を慕《した》って朝貢《ちょうこう》してくれば受け入れるという冊封《さくほう》体制があり、自由な貿易や人の往来に海禁政策で制限を加えていました。しかし近年では、海洋進出が目覚ましい。

石平　二〇一二年の習近平政権誕生から、一枚看板の政策理念として掲げているのは「中華民族の偉大なる復興」ですが、これはアヘン戦争以来の中華民族の屈辱を完全に清算し、二十一世紀に中華帝国の影響ある地位を取り戻すことを意味しています。そのなかで、中国が最重要国策として打ち出したのが「海洋強国の建設」です。

鄧小平《とうしょうへい》の時代から、中国は本格的な海洋制覇を考え始めました。海洋強国建設の政策方針は胡錦濤《こきんとう》政権の最後に打ち出されましたが、これは海洋制覇の実現を後任の習近平に託したことを意味します。実際に「二〇二〇年までに第二列島線の内側の制空権と制海権を支配する」という最重要目標の完成は、予定どおりなら習近平の任期中ですから。習近平が目指す中華帝国の復権は、アジアの海を支配して、海の中華秩序の確立を目標としているわけです。

百田　エネルギーや食糧の自給自足ができなくなるから、海洋に進出してシーレーンを押さえるわけですね。いまから二十年以上前に、アメリカのワールドウォッチ研究所所長のレスター・ブラウンが『だれが中国を養うのか?』(ダイヤモンド社刊)という本を出して、今後、中国は人口増で自国民を養えなくなる、誰が中国人に食料を用意できるかが世界の課題だと指摘しました。でも中国は、この二十年の間にカネを摑んだから、世界の食糧やエネルギーを買い漁《あさ》っている。輸入のためには、シーレーンを軍事力で維持しなければならない。

しかし、海外から食糧やエネルギーを輸入する割合が高くなっていけば、中国国内の貧困層はいずれ買えなくなるでしょう。たとえば日本に来ている「爆買い」中国人たちは、本国でどんな暮らしをしている層ですか。

石平 普通のサラリーマンでは無理です。株で儲けた人、不動産で儲けた人、あるいは企業の管理者層、共産党の幹部、中小企業の経営者が多いかな。

百田 普通の人は来ないとすると、日本に来て「爆買い」している人たちはトップクラスですね。

石平 ただし、トップクラスといっても人口が多いですから、上位五%でも七千万人以上です。人口上位五%の富裕層というのは普通でしょう。

百田　二・五％でも三千五百万人以上ですから、数が違いすぎますね。

石平　上位一〇％で日本の総人口以上です。たとえば、二〇一八年の訪日中国人観光客は八百三十八万人でしたが、中国本土の人口を考えればものの数ではない、微々たる量にすぎません。膨大な数の中国人の生存空間をどう確保し、広げることができるか、さすがにロシアには手が出せません。軍事力に自信のあるプーチンとぶつかるつもりはないし、ベトナムにもかつて痛い目に遭っています。インドに手を出せば、正面から軍事力で対抗してくるでしょう。

百田　フィリピンはどうでしょうか。

石平　フィリピンの奪取は、中国にとってあまり意味がありません。海を隔《へだ》てて遠いわりには資源も資産もなく、貧しい途上国で人口も多すぎます。侵略しても得るものが少なく、意味がないのです。

百田　その点、日本には資源も資産もたくさんありますね。

石平　日本はカネがあるし、水もある、中国にないものがたくさんあります。他国を侵略しようとするポイントは二つです。第一に「侵略する価値」があるかどうか。たとえば中国にとってカンボジアは、侵略するのは簡単ですが、最貧国ですから得るものがほとんどない。フィリピンも同様です。第二に考えるのは「侵略できる可能性」がどのくらい高いか。たとえばベトナムに対して、この可能性は低い。ベトナムに侵略すれば大いに反撃され、手痛い犠牲を払うことは中国もわかっています。アメリカですらベトナムで大火傷《おおやけど》をしたわけです。では、侵略する価値と侵略できる可能性が両方とも高い国はどこでしょうか。もちろん、日本です。米軍さえ出てこなければ、軍事的に弱腰で、政治家も世論を恐れて反撃できない、しかも資産がたくさんあるということで、実際に侵略できる可能性が高いのです。

百田　日本には、高い技術力を持った国際的な企業もたくさんありますしね。

石平　日本経済を呑み込んで、資本や金融、モノづくりの技術や資産を手中に収めれば、中国経済は当面救われますし、流民を送り込んで不満のはけ口を外に向け、「男余り」の人口問題も解決する。日本政府を全面的に屈服させられれば歴史の清算も終わり、「中華民族の偉大な復興」も果たされます。中国が攻めてくることなど決してあり得ないという幻想は、そろそろ日本人は捨てたほうがいい。

第4章

チベット、ウイグルで見た恐ろしい支配の実態

中華帝国と戦った異民族を取り込み、版図を拡大してきた歴史

百田　歴史的に見て、中国の定義は難しい。石平さんは中華帝国とおっしゃいましたが、近代日本が最初に戦争をした相手は清《しん》国でした。ややこしいのは、清は中国なのかどうか。中華人民共和国の領土はやたらと大きいのですが、いまの中国東北部、かつての満州はもともと、中国三千年の歴史上、中華の土地だったことは一度もないのです。万里《ばんり》の長城《ちょうじょう》以北は、いわゆる化外《けがい》の地ですから。台湾も同様に、中華文明の外の、教化の及ばない地とされていました。

石平　はい、漢民族が生息してきた中華の伝統的な領土は、いまの中国の領土の三分の一くらい。残りの三分の二は、あとから奪い取った領土です。

百田　満州は、孫文が辛亥《しんがい》革命で中華民国を建国して清国を倒し、満州人を追い出したときに、中華民国は清国の領土をそのまま継承する、と勝手に宣言したものです。清という国は、もともと満州地域で女真《じょしん》族が建国し、一六四四年に中国に攻め入って中原《ちゅうげん》を支配して一九一二年に滅亡した。ところが新しい国家が、「清国の領土はそっくりうち

のもの」と言い出したわけです。

当時、満州がはたして中華民国のものなのかどうか、国際社会もよくわからなかった。そこで日本は、満州国という傀儡《かいらい》国を建てたのです。満州国を正式に認めるかどうかも当時の国際社会では流動的で、だからこそリットン調査団が派遣され、日本の権益も認められたわけです。そして戦後、中国はどさくさ紛れに勝手に満州を中国領にしてしまった、という順ですね。中国は戦中戦後のどさくさに紛れて、領土をたくさん手に入れました。チベットも、ウイグルも、内モンゴルも。そういう意味で中国という国は、政権交代とともに必ず領土を拡大してくる。

石平　そういう傾向はたしかに顕著ですね。

百田　領土を取り返す過程で、前の国家が支配していた分まで取ってしまう。ただし、最初は言うだけという実情もありました。中華民国ができた頃、彼らは「満州は自国の領土だ」と言いましたけど、満州を実効支配できていなかったからです。満州を実効支配していたのは軍閥の張作霖《ちようさくりん》です。張作霖と中華民国は何度も争っています。中国は実効支配ができていない状況でも、「あれはうちのもんや!」と勝手に言い始め、いつの間にか国際的に認められてしまう言い分をこしらえていく。こうした策略がうまいのです。沖縄だけでなく、ロシア沿海州やシベリアも虎視眈々《こしたんたん》と狙っていることでしょう。

日本人は「消滅すべき民族」

百田　二〇〇四年に中国で実施された、十七歳から三十歳を中心に良好な教育を受けた都市部の青年一千六百六十四人を対象とした面接調査で、「あなたは戦士として上級者の許可があった場合、婦女子や捕虜を殺せますか?」との質問に「必ず殺す」と回答したのは四六・七%、「日本人なら殺す」と答えた二八・四%とあわせて、七五%が殺せると答えています。「絶対殺さない」という回答は一〇・一%しかなく、中国人青年たちは、いざ戦争になれば平気で日本人を殺せると考えていい。

石平　まあ中国人は、酒の席で当たり前のように「東京大虐殺をやりたい」という話をしますからね。中国人は日本への憎しみを植え付けられる教育を受けていて、南京大虐殺を真実だと信じ、「まだ日本への復讐が済んでいない」と考える人のほうが圧倒的に多いです。歴史教育の結果、中国人の多くが「我々に屈辱を与えた日本人は消滅させるべき民族」「小日本は根絶やしにしなければならない」――それが偉大な中華民族の使命だと本気で考えていることを、厳然たる事実として日本人は知っておかねばなりません。

最大の問題は、庶民だけでなく中国のエリートたちも、過去の戦争で日本から受けた損害と屈辱がいまだに清算されていない、と考えていることです。つまり、日本に対する歴史の清算こそが、習近平政権の考える「中華民族の偉大な復興」の第一歩と位置づけられていることを、日本人はわかっていません。

習近平自身が「抗日戦争で中国人三千万人が殺され、被《こうむ》った経済的損失は五千億ドル」という根拠の乏しい数字を盛んに持ち出すのも、習近平政権になってから「南京大虐殺犠牲者国家追悼日」や「抗日戦争勝利記念日」などの国家的記念日を新たに制定したのも、そのためです。

日本人はすぐ、「日本からさらなる謝罪とカネを引き出すため、歴史教育を外交カードにしている」と、すべて経済の問題に還元して考えがちですが、中国人エリートは本気で日本を中華帝国の一部に取り込むつもりなのです。彼らにしてみれば、東シナ海と南シナ海を制覇して日本の領域を新たな中華秩序に組み入れる時こそ、日本に対する「過去の清算」がようやく完了する日なのです。

そうなれば日本国と日本人は、すべてを失う覚悟を決めなければなりません。歴史上の中華秩序の「藩属国《はんぞくこく》」以上の亡国の運命、中華秩序の奴隷として過酷な支配を受けることになるでしょう。

百田　中国人は二十一世紀になっても反日歴史教育のために、日本と戦争になって、あるいは日本の領土を占領したら、躊躇《ちゅうちょ》なく日本人を殺せる人が多いという現実を我々は知っておくべきでしょうね。

石平　中国人民解放軍は国軍ではなく、中国共産党の私兵であり、数百発の核兵器を持っています。もし日本が日米同盟の庇護《ひご》を失い、米軍の核の傘を失ってしまえば、中国軍人たちは東京や大阪に核ミサイルを撃ち込むことに何の抵抗感も感じません。日本に罰を与えるのは当然と思っていますし、戦争ですから客観的にも許容されると考える。もちろん、日本は核兵器を持っていませんから核による反撃は受けないので、中国にとって実害はない。自衛隊が中国大陸に侵攻してくる、と本気で考えている軍人はいません。国際社会に批判されたとしても、戦争に勝てると判断すれば、核兵器を撃ち込むことを躊躇《ためら》わない。これで日本を消滅させることができる、というのが中国軍人の一般的な考え方です。

百田　中国人は日本人に対する憎悪と恨みを学校教育やニュース報道、抗日ドラマなどで多角的に繰り返し教え込まれていますから、いざとなればやるでしょうね。たとえばチベット人やウイグル人に対して、戦後の中国人は歴史的に何の恨みも持っていなかったはずですが、きわめて残酷な仕打ちをしました。恨みのある日本人を相手に戦争や占領統治をさせたら、それはもう想像を絶するほど凄惨《せいさん》なことになるでしょう。

石平　たしかに、チベット人の虐殺は典型的でした。チベット人は仏教徒で、誰の恨みも買っていません。寓話《ぐうわ》的に言えば、完全に羊なのです。羊を殺すのはオオカミの虐殺です。歴史上、中国はチベット人に対して何の恨みもないはずですが、身の毛もよだつ残虐行為をいまに至るまで繰り返しています。

日本人はそういう意味で、中国を非常に甘く見ています。オオカミの侵入を防ぐ算段を考えずに、「オオカミとも友達になれる」と大合唱しているわけですから。それは間違っていますよ、と声を大にして言いたいですね。

チベットで起きた虐殺と民族浄化

百田　もし日本の一部が中国に占領されたら、チベット自治区のようになるでしょうね。いや、あるいはそれ以上に苛烈《かれつ》な政策がとられる怖《おそ》れは十分にあります。八十年前の恨みがあるわけですから。

石平　中国の歴史を繙《ひもと》けば、自国民同士の戦争でも平和的占領はなく、例外なく殺戮《さつりく》が起きます。外国の民族に対しても同じことをやるわけです。

チベットに対する占領も同じでした。私のチベットの友人は次のように語っています。

「侵略された国家というものは、ただ領土を失い、主権を奪われるだけでは済まない。チベット国民は、侵略者・中国によってすべての市民権が奪われた。移動の自由、言論の自由、信仰の自由、思想の自由、良心の自由、職業選択の自由、財産の自由、裁判に訴える自由などの基本的人権のほかに、政治的な基本権としての参政権、社会的な基本権としての結社の自由までも奪われてしまった。

その過程のなかで、一時、母国語であるチベット語までも禁止された。人間の当然の営みとしての出産の自由までもが奪われ、強制的に中絶や避妊手術を受けさせられた。

侵略者の圧制に対して抵抗する者は徹底的に弾圧され、一九五九年から一九七〇年代末までの十一年間に、約百二十万人ものチベット人が殺される事態となった」

当時、チベット全域の人口は約五百万～六百万人でした。中国共産党は一九五〇年にチベットに侵攻、東チベット（アムド地方、カム地方）を占領し、翌五一年に「十七か条協定」を一方的に突きつけ、拒否すれば首都・ラサまで侵攻すると恫喝《どうかつ》しながら調印させ、併合します。五五年に漢民族の大量入植や圧制に反発する抗中蜂起《ほうき》が自然発生的に始まり、チベット動乱が勃発《ぼっぱつ》すると、六〇年までに人民解放軍は武力で鎮圧、平定しました。その過程で、チベット全域で虐殺が起こりました。

どういうふうに殺されていったのでしょうか。目撃者の証言によると、まず裕福な男たちが処刑されました。その様子を見るよう中国人に命令された農民によれば、自分の村の「二十五人の男たちが磔《はりつけ》にされ、その下には火が焚《た》かれます。火は磔にされた男たちの身体に燃え移り、生きながらにして焼かれました。さらに彼は、二十四人が眼球にクギを打ち込まれて殺されるのを目撃したといいます」。

別の商人は次のように証言しました。

「数多くの人々が財産を公開しなかったという理由で処刑された。新しいリーダーたち（多くは元乞食《こじき》たち）は、人々のなかに武器や財産を放棄していない者がいることを知っていた。これらの人々は逮捕されて六人が殺され、残りの者は鉄道工事現場に送られた。ある者は立ったままの姿勢がいいか、横になったままの姿勢がいいかと尋ねられ、立ったままの姿勢がいいと答えた。すると穴が掘られ、男は穴のなかに入れられた。穴には泥が入れられ、泥は男が死ぬまで続々と押し込まれた。男の顔から眼球が飛び出すと、中国人はその眼球を切り取った」

地域の富裕層、地主、指導者層を処刑していったあと、中国人がターゲットにしたのはチベット仏教です。僧侶が次々と処刑されていきました。

「カム地方で最も有名な高僧の一人であるドゾルチェン・リンポチェは、四肢《しし》に杭を打たれて身動きできないようにされたうえで、腹を上から下まで切り裂かれたといいます。六十歳の牧畜業者は同じ村出身の活仏《かつぶつ》といわれる高僧が逮捕され、多額のカネを所持していた罪で告発された場面を目撃しました」

「中国人は彼の髪を引っ張り、頭に煮えたぎる湯を浴びせかけた。その結果、彼は死亡した。また、もう一人の僧侶が撲殺《ぼくさつ》される様子も目撃した。僧侶たちは大便を食べたり、尿を飲むように強制され、人々はその様子を見るように強要された」

「僧侶は生きたまま焼き殺されたり、生体解剖されたという証言もあります。また、奇跡を起こせるなら皆の前で飛んでみろと言われて、高い場所から蹴り落とされた僧侶もいました。尼僧《にそう》は繰り返し強姦《ごうかん》され、特に尊敬されている僧は狙い撃ちにされて、尼僧との性交を強《し》いられたりします。売春婦を連れてきて僧に性交を強要し、僧が拒否すると腕を叩き切られ、『仏陀《ぶつだ》に腕を返してもらえ』と嘲笑《ちょうしょう》されたといいます。大勢のチベット人が手足を切断され、首を切り落とされ、焼かれ、熱湯を浴びせられ、馬や車で引きずり殺されました」

チベットでは分離主義者とみなされた数千人が逮捕され、現在でも獄中生活を強いられています。中国当局の刑務所における拷問《ごうもん》の凄《すさ》まじさに関しても、多くの証言が公刊されています。

「アデ・タポンツァン女史によると、彼女たちは刑務所で監視人に乱暴を受け、また、やってもいないことの自白を強要され、そのために手足を縛《ばく》し上げて吊るし上げられ、下から煙で燻《いぶ》され、先を焼いた竹棒で乳房を打たれた。割れた竹の間に乳首が挟まり、もげた人も何人もいたという。また指先の爪の間に竹の楊枝《ようじ》を差し込まれたり、体内にかなりの電圧の電気棒を挿入されたりもした」（『中国が隠し続けるチベットの真実』ペマ・ギャルポ）

電気棒とは家畜用の電気ショックを与える器具で、八〇年代から使用が始まりました。民族浄化のために女性が子供を産めないようにする目的でも使われたそうです。

百田　そういう話は私もよく知っていますが、あらためて聞くと吐き気がしてきます。

ウイグルで起きた虐殺・核実験と民族浄化

石平　ウイグルの歴史についてもごく簡単にまとめておきます。一九四九年十月、人民解放軍は新疆に進駐し、ウイグルは共産党政権の実効支配下に入りました。中国政府は一九五〇年頃、新疆《しんきょう》生産建設兵団を入植させ、漢族移住のモデルと位置づけると、一九五五年に新疆ウイグル自治区を設置。「東トルキスタン」の独立の動きを弾圧します。

「十五年でイギリスに追いつく」のスローガンで始めた大増産運動が失敗して農村が荒廃、数千万人の餓死者を出した大躍進政策は新疆ウイグル自治区でも飢饉《ききん》をもたらし、一九六二年にはソ連国境地帯の住民約六万人以上がソ連領内に逃亡。一九六六年には自治区内に文化大革命が波及して、イスラム教への迫害が顕著になりました。

さらに毛沢東が原爆開発に成功した一九六四年から、中国共産党はほぼ毎年、新疆で核実験を行い、九六年までの三十二年間で中国は四十六回（四十五回という説もある）もの核実験を実施しました。

放射能で新疆の水・大気・農作物が汚染され、住民のなかには六〇年代後半以降、原因不明の皮膚病や白血病が増大しました。さらに新生児の奇形も続出しましたが、政府は無視し、大気や環境汚染を防止するために何ら有効な措置をとらないばかりか、原爆実験の影響や人体への後遺症について海外組織が調査することを許可していません。

一九九八年、イギリスのテレビ局が、「新疆ウイグル自治区で大脳未発達の赤ちゃんが数多く生まれ、奇病が流行《はや》り、ガンの発生率は中国の他地域に比べて非常に高い。それは核実験の後遺症である可能性が高いが、政府の圧力でその事実は公にされず、患者たちはなす術《すべ》もなく死んでいる」という内容のドキュメンタリーを放送しました。真実を告発したウイグル人医師、アニワル・トフティは政治亡命を余儀なくされましたが、勤務先であった鉄道局の労働者とその家族の一斉健康調査のデータを集計し、「ウイグル人の悪性腫瘍《しゆよう》発生率は、中国の他の地域の漢人に比べて三五％も高い。新疆に三十年以上暮らしている漢人も、ウイグル人と同じく非常に高い確率で悪性腫瘍を発症している。二十年以上暮らしている者は約二五％、十年以上であれば一〇％、十年以下の漢人は『内地』の漢人とほぼ同じだった。つまり、この数字は新疆の地に何らかの原因があることを明示している」と証言しています。

さらにトフティは、「中国では被爆者が団体を作ることも抗議デモをすることも許されないし、国家から治療費も出ない。中国政府は『核汚染はない』と公言し、被害状況を隠蔽《いんぺい》しているので、医者は病状から『放射能の影響』としか考えられなくとも、カルテに原爆症とは記載できない。新疆では原爆症患者が三十年以上放置されたままなのだ」

「被爆国・日本の皆さんに、特にこの悲惨な新疆の現実を知ってほしい」とも語っています。

札幌医科大学の高田純教授は二〇〇二年以降、核実験の被害を爆発威力や放射線量、気象データや人口密度などを基に調査し、急死した人の数は十九万人、放射線障害などで影響を受けた被害者は百二十九万人（死産や奇形などの胎児への影響が三万五千人以上、白血病が三千七百人以上、甲状腺ガンは一万三千人以上）に達し、そのほとんどが十分な医療を受けられずに亡くなっていると推計しています。

こうした状況のなか、一九八五年十二月から、新疆各地でウイグル人学生を主体とする大規模なデモが発生しました。デモのスローガンは「原水爆実験反対」だったのです。他にも、「『新疆』は監獄や収容所ではない」「見せかけだけの選挙はやめ、民主選挙を施行せよ」「イスラム教徒への産児制限を中止せよ」といったスローガンもありました。それ以降、新疆大学などでウイグル人学生のストライキや民主化を求めるデモが多発するようになり、九〇年にはカシュガル近郊で「東トルキスタン・イスラム党」による反乱（バレン郷事件）が発生すると、破壊活動を伴う反政府運動が頻発するようになります。ちょうどこの頃、入植当初は人口の数％だった漢族が九一年に四割を超え、駐留する人民解放軍とあわせるとウイグル人よりも多くなった時期でした。九七年には民族差別反対デモをきっかけに武装警察との大規模衝突が発生し、大勢の死者が出ました（イリ事件）。いずれの運動も、当局によって徹底的に弾圧されたのです。

世界ウイグル会議議長で東トルキスタン独立運動のリーダー、ラビア・カーディルは一九九九年に身柄を拘束され、拘置所で実際に経験した人権蹂躙《じゅうりん》の実態を次のように証言しています。

「連れていかれた部屋の、壁を隔てた両方の隣室から、男の呻《うめ》き声が聞こえてくるのに気が付きました」

「苦しそうな悲鳴に、拷問の残酷さが想像されて、全身が震え、血液が凍っていくのを感じました」

「それから大分たってから、一人のウイグル人青年が、瀕死の状態で私の前に連れてこられました。ついてきた一人の漢族が、『ラビア、おまえの民族英雄たちの顔を見ろ！』と言い放ち、私が凍り付いていると、その男はまた『右を向け』と命令しました。恐る恐る目線を向けると、もう一人のウイグル人青年が、同じように地面に投げ捨てられていました。彼ら二人は、下半身ばかりが血だらけなのです。馬の尻尾《しっぽ》の毛を陰茎に差し込む拷問があると聞いたことがあります」

「『おいっ、ラビア・カーディル。おまえの国を独立させてくれる英雄たちの最期の姿はこうだ』と叫んだ漢族の公安は、『今日は二つのサンプルを見せたが、私たちは毎日こういうゲームを五十人規模でやっている』『すべてのウイグル人を殺したとしても、東トルキスタン共和国を成立させはしない』と語りました」

「私は耐え切れず、漢族の公安に向かって罵倒《ばとう》し続けました。人民解放軍が東トルキスタンに来たとき、五年後に帰るという約束だった。それが五十年間も支配している。嘘つきなあなたたちに侵略されて、私たちはこんな酷い目にあっている」

「私は『新疆』の刑務所で名前さえ記録されずに殺されていった若い政治犯らの姿を決して忘れない。『新疆』の監獄では、政治犯なら撲殺しても平気だったのです。ここまで酷い扱いをされるのは政治犯だけでした」（『中国を追われたウイグル人』水谷尚子）

虐殺で権力を握った中国共産党史

百田　日本人は中国共産党が、その草創期から権力の座に就くまで、どんな残酷なことを繰り返してきたか知らないのです。『三国志』や『水滸伝《すいこでん》』などで、中国文化に対して憧れを持っていますが、今日の中国は正義や義理や公正などまったくない別世界の国といっていいでしょう。

石平　共産党がどうやって政権を奪取したのか。目的達成のためには手段を選ばない、大量殺人によってです。概略だけ説明しましょう。

一九三〇年、毛沢東が中心となり、中国共産党初の内部粛清が行われました。毛沢東は井崗山《せいこうざん》という地方根拠地の一司令官にすぎませんでしたが、自分こそが党と軍の最高指導者になるべきと考え、彼自身をボスとして別系統の紅軍《こうぐん》（共産党軍の別称）も支配下に置こうと策をめぐらしたのです。まず、近くにいた李文林《りぶんりん》の江西地方紅軍を手に入れるために、冤罪《えんざい》による大粛清で一万人以上の江西地方紅軍の党・行政幹部・党員を処刑しました。次に、全国すべての紅軍組織と革命根拠地で、毛沢東の考案した誣告《ぶこく》と拷問と銃殺による粛清の手法が実行され、七万人以上の同志を虐殺、生き残りを編入した毛沢東は紅軍内の最大勢力を擁するに至り、翌三一年「中華ソヴィエト共和国臨時政府」を樹立、主席に納まりました。以来、殺人者ほどよく成功するというのが、中国共産党の歴史の鉄則となったのです。

日中戦争終結後の国民党軍との内戦でも、共産党は大量殺戮を伴う凄《すさ》まじい作戦を展開しました。たとえば一九四八年、長春に籠城《ろうじょう》する国民政府軍を五カ月間にわたって包囲した「飢餓作戦」では、三十三万人もの長春市民が殺されました。日本でいう兵糧攻《ひょうろうぜ》めです。ただし、日本の兵糧攻めは戦闘員が狭い城内に閉じ籠《こ》もりますが、中国の場合、市街地全体が城壁で囲まれていますから、数十万人の市民が包囲され、食料はコメ一粒も入らない。やがて街中の食料が底をつくと、ネコもネズミも食べ尽くし、子供を交換して食べ、最終的に大多数の市民が餓死して降伏したのです。国共内戦での蒋介石《しょうかいせき》軍の戦死者は八百万人に上ったとされ、これによって共産党は内戦を制し、天下を取りました。

百田　もうひとつ、兵隊を集めるために中国共産党がついたウソがありますね。共産革命が勝利すれば、土地はそれまで小作人《こさくにん》だったおまえたちのものになるといって動員したのに、国共内戦に勝ったら土地は国有とされてしまった。

石平　政権樹立の翌一九五〇年から、共産党は全国規模の「土地改革」を実行しました。全国の村々の農民を総動員して地主たちを吊るし上げ、土地と全財産を奪ったのです。日本の農地改革では、政府が土地を安く買い上げて小作人に平和的に分配しましたが、中国は暴力で地主から奪ったのみならず、地主の多くは殺されました。全国で「土地改革委員会」によってやり玉にあげられた六百万人以上の地主のうち、約二百万人が殺戮されたのです。

もともと中国共産党は革命根拠地を開拓する際に、「一村一焼一殺」という作戦を実行していました。紅軍がどうやって軍資金や兵員を集めたかというと、まず村を包囲して村一番の地主の家に押し入り、主人を連れ出して銃殺する。その家の現金や貴金属は全部紅軍のものになる。家財道具は持っていけないので村の人々にくれてやり、地主の土地を村人に分配する。地主の財産はみんなのもの、地主の娘もみんなのものというわけです。その代わりに、紅軍に地租《ちそ》（年貢）を納めるようにさせ、兵員補給の必要があれば壮丁《そうてい》（健康な若い男子）を兵隊に出すよう要求するのです。

要は地主一家を破滅させ、軍資金と兵員の両方を手に入れる作戦です。こうして村を一つひとつ潰していくことで、中国共産党は権力を奪取しました。

百田　しかも、中国共産党は国民党を台湾に追い出して政権を握ったあとも、七十万人以上を殺していますね。国民党時代の中堅層がすべて粛清された。

石平　中国共産党は地主の次に、一九五一年、「反革命分子鎮圧運動」で自国民の虐殺を再開します。共産党はたった一年で、七十一万人の国民党時代の中堅層を殺しました。共産党の敵、「匪賊《ひぞく》、悪党、スパイ、反動的党派と団体主要幹部、反動的セクト組織のリーダー」という名目で、「農村では人口の一〇〇〇分の一、都会では一〇〇〇分の一以上を殺さなければならない」とノルマを課しました。まったくの冤罪です。さらに二百五十万人が牢獄に入れられ、監禁されました。わずか三年後の五五年にも「粛反運動」（粛清反革命分子運動）と称して百三十万人を逮捕し、八万人が処刑台の露と消えました。

その次は知識人が標的になります。一九五七年の「反右派闘争」です。五十五万人の知識人を迫害し、いっさいの公職から追放、市民権を剝奪《はくだつ》して農村や強制収容所に送り、約半数が命を落としました。

もはや国内に敵はおらず、粛清する対象に事欠くようになった中国共産党は、次に党内に敵を作り、殺すようになったのです。

一九五九年、大躍進政策の失敗で全国規模の大飢饉が起き、数千万人の国民が餓死に直面する事態を迎えた時、共産党政治局員で国防相の彭徳懐《ほうとくかい》が毛沢東に政策の再考を求めたところ、「反党集団」と断罪され、仲間とともに粛清されました。大飢饉の責任をとって第一線を退いた毛沢東が、再び権力の座に返り咲くために画策したのが文化大革命です。毛沢東は林彪《りんぴょう》という野心家の軍人を使って実権を握り、国家主席の劉少奇《りゅうしょうき》を失脚させ、「四人組」を抜擢《ばってき》して身辺を固めます。さらに無知な学生を煽り立てて紅衛兵《こうえいへい》として組織し、造反運動を展開して共産党幹部を殺させたばかりか、学校の先生から芸術家、地主や資本家、素封家《そほうか》の出身者や医師、エンジニアまで「階級の敵、人民の敵」として迫害しました。被害者は一億人、死亡した人の数は一千万人以上といわれています。

文革期の終盤、林彪一派は毛沢東暗殺計画を画策して失敗、ソ連へ飛行機で逃亡中に撃墜されます。やがて毛沢東の死去とともに文革が終わり、紅衛兵の役割が終われば学生は下放《かほう》され、農村に追い出されました。四人組は失脚し、粛清。こういう信じがたい殺戮集団の政権であり、その本質はいまも変わっていません。

百田　日本人は、石平さんがいまおっしゃられたような中国共産党のとんでもない歴史を知らないのです。大躍進政策で数千万人の餓死者が出たことも、大虐殺で政権についたことすら、よく知らない。

石平　中国共産党は、人の命を何とも思っていません。何百万人死のうと、歴史上よくあることですから。

百田　国民党軍もひどい人命軽視をしていました。同胞の一般中国市民を殺しまくり、掠奪《りゃくだつ》しまくった。

石平　日中戦争時の一九三八年六月、河南省の中心都市・開封《かいほう》を占領した日本軍のさらなる進撃を阻止するために、国民党軍は黄河の堤防を破壊して洪水を起こし、日本軍を水攻めにしようとしましたが、結果的に中国人被災者一千二百五十万人、溺死者八十九万人を出す悲惨な失敗に終わりました。これほどの人命軽視を平然と行うのです。

百田　しかも、堤防決壊は日本軍の爆撃と砲撃によるもので日本軍の作戦の一部だった、と虚偽の報道を行いました。すべて日本軍の悪行だとして、逆宣伝に使ったわけです。

残酷殺人という伝統

百田　そういう政権に率いられた中国人が、日本という天敵、憎むべき民族、あれほど多くの中国人を殺した悪人と信じている日本人を統治することになったら、何をするでしょうか。いまの中国本土と同じように、メディアをコントロールして外国の記者を排除すれば、侵略された旧日本領土のなかで何が行われているか、世界は知る術がないのです。チベットでもウイグルでも一体何が起きていたのか、弾圧や虐殺の実態は、かなり後になってようやく、少しずつわかってくる。全貌《ぜんぼう》はいまだに不明ですから、共産党はやりたい放題です。

石平　虐殺は中国人の伝統といっていいでしょう。日本を占領したら感情的な暴力が解放され、一切の歯止めがなくなります。強権統治で冤罪をでっちあげて弾圧する。そうしない理由がありません。

百田　日本人に対して、フィクションにすぎない南京事件を本気で信じ、恨みを晴らしたいという潜在的な思いが強いですから、躊躇なく殺すでしょうね。

石平　繰り返しますが、中国人は南京大虐殺の復讐として東京大虐殺をやりたいのです。南京大虐殺での日本軍の凄惨なエピソードがいろいろ語られていますが、これは中国人が起こした過去の虐殺事件がモデルになっています。もちろん一九三七年ではなく、本物の南京大虐殺は一八六四年七月に起きました。

一八五〇年、洪秀全《こうしゆうぜん》に率いられた太平天国の乱が広西省の農村から始まり、流民《りゅうみん》を吸収しつつ北上、南京を陥落させ、太平天国の首都としました。一八五三年のことです。その十一年後に、曾国藩《そうこくはん》率いる清王朝軍が南京を奪い返したわけですが、その落城戦の時に大虐殺が起こります。

清王朝軍は南京に攻め入ると、街全体をいくつかのブロックに分けて包囲し、三日間にわたって十万人以上を殺戮しました。掃討《そうとう》作戦という名目でしたが、すでに太平天国軍の主力は包囲網を突破して城外に出ており、城内に残っていたのは一万人あまりといわれています。つまり、ほとんどは一般住民が虐殺されたわけです。清王朝軍の幕僚の一人がのちに回顧しているのですが、「わが軍が金陵《きんりょう》（南京の別称）に入城して数日間、民間人の老弱した者、あるいは労役に使えない者たちは悉《ことごと》く斬殺され、街角のあちこちに屍骸《しがい》が転がった。子供たちも斬殺の対象となり、多くの兵卒たちが子供殺しをまるで遊戯を楽しんでいるかのようにしまくった。婦女となると、四十歳以下の者は兵卒たちの淫楽《いんらく》の道具となるが、四十歳以上の者、あるいは顔があまりにも醜い者はほとんど、手あたり次第切り捨てられてしまった」。憎しみがさらなる憎しみを生み、殺戮がさらなる殺戮を生むというのが中国史上の一つの法則であり、それを日本人に向けて繰り返したい、これが中国人の本音です。

百田　南京大虐殺で日本軍がいかに中国人を残酷に殺したか、多くのエピソードが内外で語られてきました。たとえば大規模な略奪、捕虜の大量処刑、そして民間人を狙い撃ちした虐殺ですね。妊婦の腹を裂いて胎児を取り出し、銃剣で突き刺すとか、心臓を抜きとって煮て食べたとか、赤ん坊を母親の面前で地面に叩きつけて殺したとか、婦女子を輪姦《りんかん》して局部に棒を挿入するといったものですが、そういう残虐な殺し方というのは日本の歴史では出てこないんです。

石平　そのすべてが中国の歴史上、繰り返し登場するものばかりです。「屠城《とじょう》」「屠殺」と形容される大虐殺で必ず出てきます。興味深いのは、一九三七年の南京大虐殺で行われたとされる殺し方のパターンはすべて、太平天国の大虐殺に出てくるものばかりだということ。一八六四年の南京陥落を目撃した外国人傭兵《ようへい》の目撃談を『インドタイムズ』から紹介しましょう。

「私は、朝廷（清王朝）の部隊が太平天国軍の捕虜たちを殺戮する場面をこの目で見た。彼らは本当に軍の捕虜であるかどうかは定かではない。捕虜とされる数百人の人々が集められてきた。群れのなかには男もいれば女もいる。老人もいれば子供もいるのだ。歩くのも無理な老婆、生まれたばかりの嬰児《えいじ》、懐妊している婦人の姿も見られる。朝廷の兵士たちはまず、若い女性たちを捕虜の群れのなかから引きずり出した。彼女たちをその場で凌辱《りょうじょく》したあとに、周りで見物している町のごろつきたちの手に渡して輪姦させるのである。その間、兵卒たちはにやにや笑っているが、輪姦が一通り終わると、全裸にされた女たちの髪の毛を摑んで一太刀で斬り殺してしまうのだ。それから男たちの殺される番である。彼らは全員、小さな刀で全身の肉を一片一片切り取られて殺される。何のためかはよくわからないが、心臓は一つずつ胸のなかから丁寧に抉《えぐ》り出されて、用意された容器に入れられるのである。次に、子供たちが母親の前で殺され、母親たちも同じ運命となる。しかし私には、そこまでの殺しの場面をここで語る勇気はもはやない。とにかくそれは、私が生まれて以来、目撃した数多くの際どい光景のなかでも、もっとも恐ろしいものであった」

南京大虐殺は、清王朝がやった虐殺をそっくりそのままコピーした話になっているのです。

百田　日本語には「語るに落ちる」という言葉があります。喋れば喋るほどウソがバレる、というやつです。中国が南京大虐殺について喋れば喋るほど、それ全部、あんたらがやってきたことやん！　と突っ込みたくなる。「三光作戦」も同じことです。殺しつくす、焼きつくす、奪いつくす作戦を日本軍は中国で実行したというのですが、日本語の「光」にそのような意味はなく、中国語にはある。これも中国軍の伝統だということがよくわかる話です。

さらに言えば、中国兵は一九三七年七月の通州事件で、日本人を虐殺しました。北京郊外の通州という町で、国民党軍と内通した現地保安隊の中国兵三千人以上が反乱を起こし、日本人を襲撃した事件です。二百五十余名の邦人犠牲者の九割が民間人ですから、南京事件よりさらにひどい。あれが本当の虐殺事件ですよ。

一九四七年四月の東京裁判で採用された、事件後初めて通州城内に入り、実情を見た現地部隊の責任者、萱嶋《かやしま》高《たかし》歩兵第二連隊長（大佐、最終階級・中将）、桂鎮雄《かつらしずお》同中隊長代理（中尉、最終階級・少佐）、桜井文雄同小隊長（少尉、最終階級・少佐）三名の証言をそのまま引用しましょう。

「私は七月三十日連隊主力と共に通州救援の為同地に入城し通州虐殺の模様を親しく見ましたので其の情況を左に陳述致します。

一、午後四時頃城内に入るや私は掃蕩《そうとう》隊長として部下小隊を以《もっ》て通州城内南半の掃蕩を命ぜられ直に掃蕩を開始しました。『日本人は居ないか』と連呼し乍《なが》ら各戸毎に調査して参りますと、鼻部に牛の如く針金を通された子供や、片腕を切られた老婆、腹部を銃剣で刺された妊婦等が其所此所《そこここ》の塵《ちり》、埃《ほこり》箱の中や壕の内、塀の蔭等から続々這《は》ひ出してきました。

二、婦人と云ふ婦人は十四、五歳以上は悉《ことごと》く強姦されて居りまして全く見るに忍びませんでした。

三、旭軒といふ飲食店に入りますとそこに居りました七、八名の女は全部裸にされ強姦、射（刺）殺されて居りまして、陰部に箒《ほうき》を押込んである者、口中に土砂を塡《つ》めてある者、腹部を縦に断ち割つてある者等全く見るに堪《た》へませんでした。

四、東門の近くの或る鮮人商店の附近に池がありましたが、その池には首を縄で縛り両手を併せて八番鉄線を通し（貫通）一家六名数珠繫《じゅずつな》ぎにして引廻された形跡歴然たる死体がありました、池の水は赤く染つて居つたのを目撃しました」

「一、旭軒とか云ふ飲食店を見ました。其には四十から十七、八歳迄の女七、八名は皆強姦され、裸体で陰部を露出した儘《まま》射殺されて居りました。其の中四、五名は陰部を銃剣で突刺されていました。

二、商館や役所の室内に残された日本人男子の死体は射殺又は刺殺せられたものでありますが、殆《ほとん》どすべてが首に縄をつけ引き廻した形跡があり、血潮は壁に散布され全く言語に絶したものでありました。

三、近水楼《きんすいろう》と云ふ旅館は悲惨でありました。同所は危急を感じた在通日本人が集まった所でありましたものの如く大量虐殺を受けております。近水楼の女主人や女中等は数珠繫ぎにされ手足を縛された儘《まま》強姦され、遂に斬首されたと云ふことでした」

「一、私は七月三十一日午前八時頃、旅館近水楼に参りました。入口に於《おい》て近水楼の女将らしき人の屍体《したい》を見ました。足を入口の方に向け殆《ほとん》ど裸で上向きに寝て顔だけに新聞紙が掛けてありました。本人は相当に抵抗したらしく、身体の着物は寝た上で剝がされた様に見え、上半身も下半身も暴露し、あちこちに銃剣で突き刺したあとが四つ五つあつた様に記憶します。これが致命傷であつたでせう。陰部は刃物でえぐられたらしく血痕が散乱して居ました。

廊下の右側の女中部屋に女中らしき日本婦人の四つの屍体があるを見ました。次に帳場配膳室に入りました、ここに男一人、女二人が横倒れとなり死んでおり、闘つた跡は明瞭で男は目玉をくりぬかれ上半身は蜂の巣の様でありました。階下座敷に女の屍体二つ、これは殆ど身に何もつけずに素つ裸で殺され局部始め各部分に刺突《しとつ》の跡を見ました。
二、市内某カフェーに於て　私は一年前に行つたことのあるカフェーへ行きました。一つのボックスの中に、素つ裸の女の屍体がありました。これは縄で絞殺せられておりました。
カフェーの裏に日本人の家がありそこに二人の親子が惨殺されて居りました。子供は手の指を揃えて切断されて居りました。
三、路上の屍体　南城門近くに一日本人の商店があり、そこの主人らしきものが引っぱり出されて、殺された屍体が路上に放置されてありました。これは胸腹《きようふく》の骨が露出し内臓が散乱して居りました」（『極東国際軍事裁判速記録』第五巻）
民間人ばかりを狙い撃ちした虐殺で、普通の民族にはなかなか、これほど残酷なことはできないと思います。今後の日中有事で、在中日本人が同じ目に遭うかもしれません。中国人というのは、石平さんに言うのは大変申し訳ないのですが、歴史的に非常に残酷な殺し方をしてきました。なぜ、そこまで残酷になれるのでしょうか。

石平　悲しいですが、思い当たる節もありますね。馮小剛《フエンシャオガン》という中国では知らぬ人はいない、有名な映画監督がいます。彼は中国版ツイッターの「微博《ウエイボー》」で、広東省に行ったときのことを書いていました。著名人ですからVIP扱いで、地元の人たちが大宴会を開いた。座った彼はびっくりしました。蛇、猫、犬とあらゆる動物が自分の目の前に並んでいる……。瞬時に食欲を失ったそうです。それらは広東料理では珍味として重宝されている料理なのです。「この光景を見て私は確信した。世界で一番残虐な民族は、わが中華民族だ」と。要するに、もう動物でも何でも食べるのです。

百田　よく冗談で言う「四足だったら椅子以外、何でも食べる」というやつですね。

石平　はい。中華民族ほど残虐な民族はいない、と中国人自身が言うんですよ。アメリカ人にはそこまでの虐待はできない。この映画監督が言うとおりかもしれない。

百田　一説には、中国人は人間も食べる習慣があったと言われていますね。赤ちゃんも食べるとか――。

それとは別に、中国には昔から世界的に見ても非常に残酷な刑罰が多いですね。斬首というのは軽い。

石平　斬首は死刑のなかではやさしいほうです。一番残酷なのは、先ほども出てきた凌《りょう》遅《ち》刑。体の肉を一片ずつゆっくり切る。時間をかけるほど重い刑になります。二～三日かけることもあります。

百田　期間は二～三日から七～九日間まで、いろいろあるようですね。刑吏《けいり》も、九日間と決まったらきっちり九日間かけて殺す。それより早く殺してしまうと、ちゃんと刑を執行しなかったとして自分もやられるから。日本は、奈良時代に漢字をはじめ中国から様々な文化を導入しました。しかし、シャットアウトしたものがいくつかあるのです。それは宦官《かんがん》と纏足《てんそく》と凌遅刑です。ちなみに朝鮮半島は凌遅刑を仕入れました。日本は朝鮮を併合したあと、凌遅刑を完全に廃止しました。

ところで、なぜ中国の刑罰はあれほど怖ろしいものなのでしょう？

石平　やはり、中国の伝統に根ざした要因があるのでしょう。私は中国独特の権力構造に問題があると考えています。歴代の中華帝国は、一貫して絶対的な権威と権力を持つ皇帝を頂点とした中央集権的独裁体制を築いてきました。権力集中が生み出した弊害の一つに、恣意的《しいてき》な虐殺があった。

皇帝の権力が絶対化されると、他のすべての人間は生存権が保障されない状況に置かれます。こうして、皇帝の椅子と皇帝からの寵愛《ちょうあい》をめぐる権力闘争が生きるか死ぬかの熾烈《しれつ》な争いになり、残虐な殺戮も生じてくる。皇帝になるには親兄弟も簡単に殺し、前政権の関係者は親戚縁者に至るまで根こそぎ虐殺しなければならないし、王朝交代における天下取りの戦争では夥《おびただ》しい流血をもたらします。

残忍極まりない「屠城」や「屠殺」が中国史の悪しき伝統になっているのは、権力の絶対化、「絶対帝政」の問題があり、それは共産党政権でも変わっていないばかりか、権力集中と独裁はひどくなるばかりです。天皇と幕府で権威と権力を分けてきた日本とは、歴史的背景が違うのです。

いずれにせよ、生存空間の確保と中華帝国思想が、習近平政権の対日侵略政策を形づくっていること、強硬な対日感情の背後には中国人の歴史的残虐性が隠れていることに、日本人はもっと警戒しなければならないのです。

第5章

沖縄「独立」を足がかりにした侵略

なぜ沖縄が大切なのか

石平　二〇一六年六月以降の中国軍の動きを『カエルの楽園』に当て嵌《は》めると、ナパージュの南の崖の淵のすぐ近くまで、ウシガエルが一面にへばりついている状態から、崖の上に五匹のウシガエルが現れた段階に移行しつつあります。この本の百二十ページ台まではすでに現実化して、百四十九ページにかけての記述が実現しつつある最中だといっていい。

私の人生のなかで、読んだ小説がそのまま現実化したのは初めてです。百田先生が怖くなってきた。中国よりも怖いくらいです（笑）。

問題は、百二十ページからあと、現実がどう進んでいくのか。このまま結末の二百四十八ページまで現実化してしまうのを止めるために、私たちは言論で戦っていかなければ、自分たちの子供の世代に対して、償うことのできない罪を犯すことになります。ですから百田先生にお願いしたいのは、今後、具体的にどういうことが起きてくるか。中国は一歩一歩、どう侵略の歩みを進めてくるか。最悪の事態を見越してシミュレーショ

ンしていきたいのです。

百田　しかも、もっと怖いことは、本州から見ればまだ百二十ページ台なのですが、視点を沖縄においてみると、現実はすでに遙かに先を行っていることです。沖縄の現状は、鷲《わし》の〝スチームボート〟をナパージュから去らせて、軍事力である〝ハンニバル〟と〝ゴヤスレイ〟の目を潰して腕を切り落とすことを多数決で決めた、百六十五ページから二百二十七ページの段階まで来ています。悲劇的な結末を迎えるまで、もうあと二十ページくらいしかない。自衛のための武力すら、進んで放棄しようとしているのですから。

『カエルの楽園』で、ハンニバル兄弟を動けないようにして、最後は縛り首にしてしまう。これと同じことを、米軍に対して沖縄県民の総意（オール沖縄）だと称して実行しているわけです。基地関係の車両の通行を妨害して、アメリカは出ていけ、帰れ、死ねと面罵《めんば》し、人間の鎖で取り囲み、実力行使で基地機能をマヒさせようと一所懸命に反米活動をしている。

石平 自分たちが侵略され、占領されるのを助けるためにオール沖縄で頑張っている。さらに、自衛隊の南西諸島への駐留は反対、増強も反対、中国軍が押し寄せてきているのに、都合の悪いことは黙って、知事もほとんど何も言わない。沖縄二紙は、大丈夫だから騒ぐな、脅威でも何でもない、米軍は出ていけ、自衛隊がくると戦争になるから二度とごめんだ、と叫んでいる状態ですね。

沖縄の場合は二紙のシェアが九八％ですから、言論空間を支配しているといっていい。異論が許されないのは、全体主義です。沖縄二紙は、完全に〝デイブレイク〟として世論をコントロールしている。彼らの意に反すれば、政治家も財界人も沖縄で息ができなくなる。

百田 沖縄というのは、いろいろな意味で日本の現状の問題点を象徴しています。戦後日本の縮図でもあり、日本の十年後、二十年後の姿を先取りしているかもしれません。

石平　米軍を追い出す運動が沖縄で展開されているなかで、中国の軍艦や戦闘機がやってくる。偶然とは思えません。中国は日米安保に楔《くさび》を打ち込み、弱体化させるために意識的に連動しています。

百田　いま、日本全土から人と資金を送り込む「オール左翼」の運動の牙城《がじょう》として、沖縄の反基地・反米活動が凄《すさ》まじい勢いで展開されています。この数十年間で一番盛り上がっているでしょう。かつて沖縄で暴動が多発していた時代のような自然発生的な動きではなく、本州から、あるいは外国から豊富な援助を受けて継続している社会運動です。

石平　バックに特別な思惑があるとしか思えません。単なる反米感情や反基地感情では、あそこまで米軍を心理的に追い詰めるような、首尾一貫した作戦はとれませんね。明確な組織的目標や任務があるはずです。もし、いま沖縄で起きていることを中国が背後で操っているとすれば、一番肝心なところ、日本の最大の弱点を突いていると言えるのです。反米運動の結果として沖縄がどうなるか、本章でシミュレーションしていくと、社会運動の背後に中国の戦略があると考えたほうが腑《ふ》に落ちる。すべての話はそこから始まります。

　日米同盟にとって沖縄を失う意味合いは小さくないと思いますが、いかがでしょうか。

百田　日本にとって、対中戦略上、沖縄の米軍基地がなくなれば、自衛隊はもう勝てません。つまり、日本という国の主権と独立を維持することができなくなります。日本の本州については次章で詳しく語りますが、まずアメリカにとって、沖縄の地政学的な重要性は依然として大きい。ペンタゴン（国防総省）とホワイトハウスは多少違う意見を持っているでしょうが、基本的に、中国がこのまま巨大に膨れ上がるのはあまり好ましくないと思っているでしょう。その意味で、沖縄基地は現状維持を守りたい。

アメリカは、沖縄を失えば、同盟国・日本もそのまま失うことになるとわかっています。そうなれば将来的に、アメリカの世界戦略は大きな見直しを余儀なくされる。いま沖縄や韓国に前方展開している米軍が撤退すれば、西太平洋のパワーバランスが圧倒的に中国有利に傾斜して、第二次世界大戦とその後に作り上げた秩序が崩れます。その意味で、沖縄基地はアメリカの国益に適《かな》っているわけですが、あれだけ反米・反基地活動が活発になると、沖縄駐留の海兵隊員の士気、気持ちが萎《な》えてしまいます。

石平　もうひとつ、台湾問題があります。台湾を併合するためにも、中国は沖縄工作を先にやろうとしています。切り崩しはまず日本から。沖縄に米軍基地がある限り、中国は台湾に簡単に手が出せません。沖縄駐留米軍の任務のひとつが台湾を守ることですから、沖縄から米軍基地を追い出すことからすべてが始まるわけです。米軍基地を沖縄から追い出さなければ、中国は台湾を攻めることができません。

百田　台湾より日本、さらに沖縄のほうが先ということですね。

全面戦争は絶対に避けたい中国

百田　中国は、軍事力を使った脅しは得意ですが、アメリカとの戦闘は絶対に回避したいというのが本音でしょう。アメリカ軍は強い。中国の弱い本性を見たのは、二〇一一年九月の尖閣《せんかく》国有化問題で揉めたあと、嘉手納《かでな》基地のF22ステルス戦闘機五機が一千ポンド爆弾を搭載し、離陸するのが初めて確認されたときのことです。米軍はわざと、九月十九日と二十日に、実弾を積んでいる映像を沖縄マスコミに撮らせたんです。すると翌二十一日、習近平（当時は国家副主席）は「周辺国との領土や領海、海洋権益をめぐる争いを平和的に解決する」「中国は永遠に覇権を唱えない」と発言しました。つまり米軍が、「グチャグチャ言うたら実弾積むで」となった途端に、中国は態度を変えました。そういう国なんです。

しかも、戦争というのは二国間だけではなく、同盟国も巻き込みます。A国がB国を占領すればその同盟国とも敵対関係になるから、簡単に戦争を起こせません。日中戦争も大東亜戦争に突入するまでは、あくまで「支那事変」と言っていました。事変とはあくまで地域的な紛争に過ぎず、戦争ではないということです。戦争になれば国際問題になり、同盟国の中立問題などややこしいことになりますから、中国も日本も互いに戦闘しながら、国際的には「これは戦争ではありません」というまやかしをしていました。

二十一世紀に日中戦争が始まるとすれば、最初は「事変」からでしょう。

石平　尖閣事変や沖縄事変で始まる。中国軍は、いくら何でもアメリカ軍と正面から戦うつもりはありません。尖閣に正々堂々と軍事侵攻するのは、沖縄から米軍を追い出したあとです。むしろ南シナ海で実践している、一つひとつは戦争にならないような「小さな一歩」の進出行動を時間をかけて積み重ねることで、サラミを薄くスライスするように、あるいはキャベツの葉を一枚一枚剝いていくように、領有を既成事実化する戦術をとっているわけです。同時に、沖縄で米軍を撤退させる政治工作が着々と進んでいます。

百田　中国が南シナ海のスプラトリー諸島（ファイアリー・クロス礁、スビ礁、ミスチーフ礁）で人工島を埋め立てて、滑走路を三本完成させるまでわずか二〜三年ですよ。あっという間に軍事拠点として既成事実化してしまうのが怖い。

石平　相応の対抗措置をとらなければ、侵略のペースを早めてくるのは現実が証明しています。それなのに、尖閣問題での日本側の動きが鈍い。二〇一六年六月に軍艦が接続水域に入ってきて、領海も侵犯してきた。八月には二百三十隻の「漁船」と称する海上民兵を引き連れて、日本の排他的経済水域（ＥＥＺ）内で公船から漁船に乗り移り、漁船検査をして、漁業管轄権を行使しているとアピールした。日本政府は海上警備行動を発令してもおかしくない事態でしたが、抗議するだけで十分な対応をしていませんから、報道も世論もまったく動きませんでした。

百田　実は、中国はそこを注視しているわけです。中国は日本の領海を侵犯するたびに、日本人の反応をうかがっている。政府はどう対応するか、マスコミはどう報じるか、事細かに観察している。日本がまともな対抗策をとらないことを確かめながら、「よっしゃ、もっと行けるぞ」と行動をエスカレートさせる。

たとえば第2章で触れたように、沖縄タイムスは「緊張高める行動は慎め」と日本に自制を求め、朝日新聞は「今回の行動に習近平政権の意志がどこまで働いていたのか。軍の中枢と現場レベルの意思疎通はできているのか。軍艦の行動が意図的なものか、偶発的なものかは不明だ」と書きました。朝日新聞は〝軍が勝手にやったかもしれないから慌てるな〟と言うけれども、もし仮に軍が勝手に動いたのなら、さらに危険と言えます。つまり習近平が軍を掌握できず、軍が独自に行動した可能性が本当にあるなら、政府間の対話は意味がないことになる。これは逆に言えば、とても怖ろしいことです。それなのに、朝日は自分で書いていて、そのことに気づいていないのです。

石平　どの角度から見てもおかしいですね。

百田　おかしなことだらけです。実際に、当時の岸田文雄外相は中国軍艦の行動に対して六月二十一日、「引き続き中国軍の動向を注視する」としか述べていません。

石平　今後、中国がどんな軍事行動を開始しても、日本は実質的な対抗措置をとらず、誰の意図なのかをまず分析する。軍艦が来て、たとえ撃ってきても、習近平の意思は働いていないのではないか、人民解放軍が偶発的に行動したのかもしれない、と何日も議論して、結局、何もせずに抗議するだけ。

百田　状況をまず見極めよというのは、『カエルの楽園』のセリフそのままです。以下、作中のセリフを少し抜き書きします。

「無暗《むやみ》にことを荒立ててはいけない。まずは状況をしっかり見極めることだ」

「いたずらに彼ら（ウシガエル）を刺激してはいけない」

「ウシガエルは虫を追っていて、うっかりと南の草むらに入ってきただけかもしれない」

「こんなところに我々が集まっていては、緊張を高めるだけです」

「必要以上に不安を感じることはありません」

「話し合うことです」

「とことん話し合えば明るい未来が開ける」

「ウシガエルたちに悪意は皆無です」

と。これは『カエルの楽園』に出てくる〝デイブレイク〟たちのセリフですが、いまの中国に対して、マスコミはまったく同じことを言っています。

軍の行動の背後に、本当は誰の意思が働いていたか推測するよりも、侵入してきた事実が大事やろ、という当たり前の思考ができない。

石平　ははは（笑）。もちろん中国側もそれを計算して、日本に心理戦を仕掛けてきています。八月に尖閣周辺に中国漁船二百三十隻がやって来たときにも、中国外務省の報道官は「中国側は関係海域の事態を適切にコントロールする措置を取っている」「日本が冷静に現在の事態に対応し、情勢の緊張と複雑化を招くいかなる行動も取らず、ともに海域の安定に建設的な努力を行うよう求めた」（朝日新聞、二〇一六年八月六日）。完全に報道の論調を見透かされ、中国に先手を取られているわけです。

彼らに「これならもっと行ける」と判断させるようなメッセージを日本側が送ってしまっています。すると次はどうなるでしょうか。想像できるのは、今後、中国の軍艦が接続水域でも領海でも、日常的に侵犯するようになる。しかも日本の新聞は、領海内でも無害通航で国際法上は問題ない、と報道する。徐々に日本の世論も麻痺《まひ》し、領海に居座ることが日常茶飯事《にちじょうさはんじ》になって、むしろ中国船がいないと逆に不自然だと感じるようになる（笑）。これが冗談でないのは、八月後半に中国公船の領海侵入と接続水域侵入が減少すると、日本のマスコミはすぐ「9月4・5両日に杭州《こうしゅう》で開かれる主要20ヵ国・地域首脳会議（G20）を前に、中国が自制した可能性がある」（朝日新聞、二〇一六年八月二十九日）と書いたことです。中国は思い留まることができる、というのは日本側の希望的観測でしかなく、そんな甘い相手ではありません。『カエルの楽園』で〝デイブレイク〟も、「ウシガエルもいつかは南の沼に帰るはずです。なぜなら彼らは平和を愛するカエルだから」と言っていました。中国の思いどおりにマスコミが動かされて、危機を危機だと言わず、隙《すき》を与えているわけです。

さらに、次は何が起こるでしょうか。最大の懸念はやはり沖縄です。さきほど百田先生がおっしゃったように、中国が尖閣に本気で軍事攻撃を仕掛けるとき、心配なのはアメリカ軍の動きです。鷲の〝スチームボート〟が出てきたらウシガエル・中国には勝ち目がありません。しかもアメリカと交戦して敗退・撤退すれば、共産党政権はもたなくなります。戦争をしかけて敗北した習近平は追い落とされる。だから必死に策をめぐらせて、できるだけ本物の戦争をせずに領土を手に入れなければなりません。そこで、米軍を沖縄から追い出す工作が重要になっている。

百田　戦わずして勝つ、孫子の兵法ですね。市民運動で米軍の行動の自由を制約するだけでも、大いに効果があります。中国の工作は、日本人が思っている以上に深く沖縄に浸透していて、日本人の市民活動家を使って日米の分断を図り、米軍の行動の自由を奪うように二重三重に仕掛けてきていますから、非常にしたたかです。日本人の左翼活動家も、公船も漁船も、軍艦も使う。

米国議会の対中政策諮問《しもん》機関「米中経済安保調査委員会」の二〇一六年報告書では、中国の沖縄での活動の目的を、日米同盟に楔を打ち込み、日米の離間を図って米軍の沖縄での軍事能力を骨抜きにすることだ、とはっきり述べています。

「中国の政府機関が沖縄の米軍基地の近くに不動産を購入し、反米闘争の支援に利用している」

「沖縄に米軍の軍事情報を集める諜報《ちょうほう》工作員と、日本の米軍基地反対運動を煽るための政治工作員を送り込んでいる」

「沖縄にいる工作員たちは米軍を常に監視して、軍事活動を詳細にモニターしている。米軍と自衛隊の協力体制も調べている」

「さらに、工作員は沖縄住民の米軍基地に対する不満や怒りを煽動しようとしている」

「沖縄の親中勢力を煽って沖縄の独立運動を支援している」

「中国の官営報道機関は、琉球で二〇〇六年に行われた住民投票で、住民の七五％が日本からの独立を望むという結果が出たと報道したが、実際にはそのような住民投票は実施されていない」

と述べて、中国の領土拡張の狙いが沖縄本島に及んでいることを明記しました。

同報告書はまた、「中国は目的達成のために経済的圧力を頻繁に行使する。フィリピンに対してはフルーツ類の輸入を大幅に制限し、かなりの効果を得た。日本に対してはレアアース（希土類《きどるい》）の輸出を規制したが、効果を上げられず、他の方法を試みている」

と指摘しています。尖閣を国有化した時もそうでしたが、中国と紛争になると、経済的な恫喝も行います。中国国内にいる日本の駐在員たちを逮捕する、日本のショッピングモールや飲食店、カーディーラーを焼き討ちしたり、ルール無用のあらゆる手段を使って、相手に嫌気がさすような形で攻めてくる。

石平　さらに気になるのが、沖縄のマスコミが自衛隊駐留に反対していることです。宮古島への陸上自衛隊受け入れに反対する琉球新報の社説（二〇一六年六月二十一日）では、「住民投票で民意を問え」と書きます。地対艦ミサイルと地対空ミサイル部隊、そして基地を守る警備中隊の配備について、「そもそも敵の軍隊・基地がある所を攻撃するのは軍事の常識だ。軍が配備された島では激烈な地上戦に住民が巻き込まれる」。自衛隊が駐留すれば戦場になるから反対だ、と書いているんです。この論理に従えば、沖縄県民は中国の脅威が迫ればそれだけ自衛隊を沖縄から撤退させなければならない、ということになる。脅威が迫っても、自衛隊が駐留する理由にならない。逆に、自衛隊が駐留すれば島が危険になる。

百田　そういう意見は、中国が台頭する前からあります。沖縄は米軍基地があるから攻撃される、基地がなければ攻撃してこないという論です。

石平　問題はここですよ。これも中国はよくわかっています。中国が軍事力を行使して、恫喝すればするほど、沖縄では反基地運動が盛り上がる。威嚇すればするほど、米軍が撤退するという結末に近づいていく。

百田　中国は本当は戦いたくないんです。戦うと負けるから。繰り返しますが、日本の富をできるだけ無傷で手に入れたい。そのための絶対条件は、米軍を追い出すことです。

米軍を足止めできれば、すぐに尖閣は奪われる

百田　中国軍艦の侵入に関して、当時の翁長知事は「外交で平和的解決を図るべきだ」と、木で鼻を括《くく》ったようなコメントしかしていません。自県に他国が侵入したわけですから、これを非難もしないのはあり得ない話です。言い換えれば、中国の侵入を容認していることになる。

石平　軍艦が尖閣の接続水域に侵入してきた同じ六月の十九日、沖縄では前述の「沖縄から海兵隊の撤退を求める県民大会」が開かれました。

百田　一人の元海兵隊員が犯罪を犯しただけで海兵隊撤退と言い出したら、不毛な議論

になりますよ。たとえば、中国人留学生が暴行殺人事件を起こしたら、留学生がいるからこんなことになった、全部の留学生を追い出せという屁理屈《へりくつ》と同じ。米軍兵士の犯罪が構造的なものなら非難されてもいいでしょうが、元兵士の軍属がたまたま犯した殺人です。しかも米軍の犯罪率は低い。沖縄住民の三％が米軍兵士ですが、沖縄の全犯罪の〇・七％しか構成していません。現地の人のほうが、米軍兵士より四倍以上も犯罪率が高いのです。

また、基地反対派は「犯人を日本に引き渡せ」と言っていますが、実際に殺人事件を起こした場合、これまで治外法権でアメリカで裁かれていましたが、アメリカで裁かれたほうが罪が重くなるわけです。一人殺して死刑だったりする。日本の場合、一人殺しただけでは死刑になりません。矛盾した話ですが、アメリカで裁いてくれたほうが刑罰が重くなる。

合法的に日本に滞在しているアメリカ人に対して、米軍関係者というだけで本国に帰れ、出て行けと罵倒《ばとう》するのはヘイトスピーチにあたるはずですが、反米無罪、反基地無罪で済まされてしまう。

石平　いま、在日朝鮮人出て行けと言えば、ヘイトスピーチ、人権問題になりますが、そう主張する人たちが、米軍人に対しては何を言ってもかまわないと考えている。そうした社会運動の背後に何があるのか。私が一番心配しているのは、沖縄は今後どうなるかということです。

米軍関係者は、自家用の乗用車の通行まで妨害されて、「死ね」などと罵倒される。米軍も我慢の限界です。一人の元米兵の犯罪で、まるで米軍全体が悪者のように指弾《しだん》される。そういう状況のなかで、想像にすぎませんが、今後事件が起きたらどうなるか。たとえば、沖縄に配備されたオスプレイが墜落したら。そして万が一、死傷者が出たら想像を絶する事態になるでしょう。全国の活動家たちが集まって、沖縄の人の一部も参加してゼネストが起きる、道路に座りこんで車を通行させない、米軍基地を人間の盾で封鎖してしまう。もしその時点で、アメリカの大統領がトランプのような人物なら、あっそう、もう出て行くよ、となる可能性があると思います。

百田　いままでは市民活動家も、現実に米軍が沖縄から出て行くわけがない、と思っていたでしょうが、ここへ来てトランプ大統領が海外駐留米軍の費用負担の増額を同盟国に要求し、飲まないなら撤退をちらつかせています。

石平　同盟国の「安保ただ乗り」論はアメリカ人の本音ですから、いずれ撤退を実行する大統領が現れるかもしれません。

百田　大いに同意します。今後も、米軍基地撤退派の大統領が誕生する可能性があると思っておいたほうがいい。日本がその時になって慌てても遅いですから。

もし尖閣周辺の小競り合いで小規模な局地戦が勃発《ぼっぱつ》して、米軍が出動しなければならなくなったとしても、米軍基地反対の市民運動家たちが、実力でアメリカ軍を動けないようにする可能性がありますね。

石平　米軍基地があっても自由に動けない。あちこちで道路を封鎖する。米軍基地のなかに入って滑走路に乱入する。日本側も警察を動員すれば抑えられますが、すると政府が弾圧した、政府が悪いと批判される。その時点で、どのような思想の持ち主が政権の座に就いているか。万が一、かつての民主党的な政権なら最悪の事態になるでしょう。

百田　その場合、警察も熱心に取り締まらないでしょう。市民活動家、プロ市民が乱暴狼藉《ろうぜき》を働いているのに、見て見ぬふりをする可能性もあります。

石平　そうなればアメリカ国内でも世論が沸騰して、もう引き揚げようかという話になる。なぜ日本を守るために我々がそこまでしなければならないのか、と。現実問題として、米軍は動かないもしれない。

そうなれば、結果は火を見るよりも明らかです。中国は尖閣に手を出してくる。おそらく、最初は漁民を上陸させるでしょう。

百田　偽装漁民、海上民兵ですね。

石平　はい。中国には現在、三十万人の海上民兵がいて、退役軍人などで組織されています。たとえば八月に尖閣周辺に押し寄せた漁民も、この武装集団です。産経新聞によれば、政府に動員された民兵は福建省や浙江《せっこう》省で軍事訓練を受け、日本への憎しみを植え付けるために、「南京大虐殺」や「甲午《こうご》大海戦」（日清戦争の黄海海戦）といった映画を思想教育の一環として観賞する。政府からは燃料代と、貢献度に応じて数万〜数十万円の手当がもらえるそうです（二〇一六年八月十七日）。彼らが上陸したら、日本の警察や海上保安庁が対処しなければいけない。逮捕して尖閣から退去させるため、日本側が実力行使に出る。

百田　わかりやすいのは、船が壊れたとか水がなくなったとか理由をつけて、緊急非難のために民兵を大挙上陸させる。

石平　数百人もの武装した民兵が上陸すれば、日本の警察と衝突し、力のぶつかりあいになるでしょう。すると中国は、日本の公権力が暴走して死傷者が出た、中国の領土である尖閣が日本によって侵略された、という論理で大々的に報道する。その時、日本の〝デイブレイク〟たちは中国ではなく、日本の警察を「やりすぎだ」と批判するでしょう。

百田　もう一つの可能性として、中国は偽装漁民を助けるという名目で軍艦を出してくるかもしれませんね。自国領の自国民を救助するという名目で、軍人が尖閣に上陸する可能性があります。日本は絶対に中国の軍隊を上陸させてはいけません。いったん上陸してしまうと、実効支配したという既成事実を主張してくるからです。あるいは島から退去せずに、そのまま実効支配に移行するかもしれません。つまり、その前に食い止めることができるかが勝負となります。

問題はやはり、日本のマスコミ

石平　中国は海警の公船か軍艦を出すかわかりません。どちらにしても、軍事制圧への誘導ですよ。もし日本政府が何も対応しなければ、そのまま占領してどんどん資材を運び込み、実効支配のための有人施設を建設する。警察権力で対応すれば、日本が刺激したから犠牲者が出た、挑発したのは日本だ、と非難する。おそらく日本国内の多くの報道機関も、これに同調するでしょう。世論もそちらに傾けば、日本政府の選択肢は完全撤退しかない。撤退すれば、マスコミは「賢明なる撤退だ」と称賛するでしょう。「南の草むらはウシガエルに譲ってしまおう、そして、その地を『友情草むら』と名付ければ、ウシガエルとツチガエルは新たな友好関係を結ぶことができます」と『カエルの楽園』で書かれていた事態です。

百田　もう一つシミュレーションをしておけば、上陸作戦の前に、中国の軍艦が日常的に日本領海を侵犯してくると思います。そこで日本政府はどう対応するか。さすがに自衛隊の哨戒機《しょうかいき》と護衛艦が出ると思います。そうなった時に、これは私の想像ですが、中国軍艦や戦闘機は自衛隊の護衛艦や哨戒機に対してレーザー照射を繰り返すでしょう。自衛隊は撃ってこないという前提で挑発してくる。

レーザー照射された自衛隊員にすれば、平然としていられるはずはありません。次に敵が発射ボタンを押した瞬間に一〇〇%、ミサイルが命中するわけですから。たとえれば、ピストルを頭に突き付けられて敵の銃の引き金に指がかかっている状態です。あと数センチ指が動けば自分は殺される。至近距離ですから防ぎようがありません。こういうプレッシャーを受けた自衛官たちの恐怖感は想像を絶するものがある。相手は何をしでかすかわからないからです。それほど怖ろしい事態が近づいていることが、現場の自衛官にはすでに見えています。

中国はこうやって、まず心理戦を仕掛けてくるでしょう。いまの兵器のレベルからすれば、レーダー照射は相手の攻撃と見做《みな》して反撃するのが国際的常識です。ところが、日本の自衛官だけは上官から「絶対に撃つな」と厳命されているでしょう。そう考えれば、現場の護衛艦の乗組員、哨戒機のパイロットは凄まじい恐怖を感じるはず。にもかかわらず、目に見える危機、予測できる事態を誰も口にしようとしない。じつにおかしな言論空間だと思います。

石平　撃たれるまで撃てないとなると、二つの可能性がありますね。意気消沈して抵抗する意志をなくしてしまう。戦闘行動を続けられない。どうせ日本側には何もできない、という意識が植え付けられてしまいます。自衛隊は高い能力を持っているのに、発揮できないようにされているわけです。あるいはもうひとつの可能性として、たびたびのレーダー照射に我慢しきれなくなって反撃する。しかし反撃した時点で、すべて自衛隊が悪い、ということにされてしまうでしょう。中国もそれを口実にして、さらなる軍事行動を開始する。日本国内のマスコミも一斉に、撃った自衛隊が悪い、と非難する。これも「ハンニバルたちの軽率な行動によって、ナパージュとウシガエルたちは全面戦争に発展したかもしれないのです」「ハンニバルとゴヤスレイの無思慮な行動によって、多くのカエルたちの命が奪われるような事態になるなどということは、絶対に許されることではありません！」という〝デイブレイク〟のセリフが先取りしています。

百田　朝鮮戦争の開戦の理由についていて、いまではもう、北朝鮮軍が先に三八度線を越えて侵攻してきたのが定説になりましたが、長いこと日本国内では、韓国の李承晩《イスンマン》が仕掛けたという説が有力でした。しかしソ連崩壊後の情報公開で、ようやく事実が明らかになった。もっとも国際的には、金日成《キムイルソン》が先に攻め込んできたことはわかっていましたが、日本国内ではどちらが開戦の責任を負うかわからない、というのが左翼マスコミや知識人の共通見解だったんです。ですから尖閣事変でも、中国が先に撃ってくる可能性があります。

石平　それで、自衛隊が先に撃った、と主張するわけですね。第三者が見ているわけではないから、中国側の言い分が通ってしまうかもしれません。

百田　その可能性もあります。日本政府がいくら事実は違う、中国が先に撃ってきたと主張しても、中国の大々的なプロパガンダに乗せられた日本の新聞社は、「うーん。わからんけど、日本が先に撃ったんじゃない？」と言い出す可能性があるのです。

石平　あるいは、「どちらが撃ったかは不明だが、しかしいま大事なのは冷静になること、相手を刺激しないよう慎むべきだ」と主張する。結局、自衛隊が日本国内の報道と世論によって撤退させられてしまう。

百田　『カエルの楽園』でも、ナパージュを守る〝ハンニバル〟が、同胞のはずの反対勢力によって目を潰され、腕を切り落とされて戦えなくされてしまいました。自衛隊にも戦う力がありながら、戦えずに終わってしまう可能性は非常に高いです。

石平　そうなると、日本侵略の最初の一歩として尖閣が占領されますね。軍艦や戦闘機でレーダー照射して、先に撃って日本との戦争状態になるか、偽装漁民を尖閣へ上陸させて、日本が対処すれば軍を派遣するか、どちらにしても最初に尖閣を奪う。ただ本来なら、今回の安保法制で決まった集団的自衛権がなくても、いまの法律でも対応できるはずですよね？

百田　個別的自衛権で戦うことは可能ですが、はたして現実的に全力で戦えるかとなると、現憲法下では非常に難しい問題がいくつもあります。

石平　自衛隊は戦えるのに、手足をもがれているのと同じ。日本の領土が侵略されたら、当然、戦うべきでしょう。しかし、日本のマスコミと世論が足を引っ張るわけですね。

百田　テレビも新聞も、大マスコミがこぞって「戦うな」と叫ぶでしょう。あんな価値のない無人島を取り返すために戦えば、全面戦争になる危険性がある。そんな愚を犯してはならない、という論理です。ちっぽけな無人島のために、多くの自衛隊員や国民が命を失うような真似はやめて、もっと冷静に話し合おうと言うでしょうね。

日本の総理大臣は決断できるか

石平　しかもマスコミが持ち出すのは、自衛隊の命を無駄にするな、犠牲にするなという論理でしょう。

百田　そう。これもまた矛盾しているんです。つまり、現行の憲法九条がある限り、自衛隊員の命は常に危険に晒《さら》されているんです。撃たれるまで撃てないし、先に撃ったという罪をなすりつけられて憲法違反にされてしまうわけですから。自衛官の生命を本当に大事にして心配するなら、まず真っ先に憲法九条を改正しないといけないのです。

石平　しかし、マスコミは憲法改正に大反対ですから、矛盾していますね。自分たちに都合がいい時だけ、自衛隊の命を大事にせよと言う。普段は自衛隊を一番の悪者にしているくせに。

百田　かつて自衛隊員が国連の平和維持活動（ＰＫＯ）に派遣された時、日本のマスコミや野党は、自衛官を丸腰で行かせました。政争のことしか考えておらず、自衛官の生命を何とも思っていない証拠です。

石平　そう。丸腰で海外に行かせることが、自衛隊員にとって何よりひどい仕打ちでしょう。問題は、尖閣で有事が発生した時に、日本でどんな政権が誕生しているかわからないことです。自衛隊は総理大臣が命令を下さなければ何もできない組織ですから。

百田　総理大臣が自衛隊のトップですからね。

石平　どんな人物が総理大臣かによって、日本を守る決断ができるかが左右されます。もし引き続き安倍晋三首相だったとしても、はたして自衛隊に「中国軍を撃退せよ」と命令できるかどうか、難しいところです。

百田　「防衛出動命令」ですね。戦後、一度も発令されていないものですが、これを出すのは世論が支えなければ無理です。

石平　おそらく世論は逆に、「もうこれ以上、争いを拡大するな！」と叫び出す可能性が高い。

百田　その可能性は非常に高いです。しかし尖閣を奪われてしまえば、サラミの最後の一切れを取られたのと同じことになります。しかし、これはただの一切れではないのです。

ここで多くの日本人に知ってもらいたいのですが、尖閣諸島を取られるということは単に領土を奪われるだけじゃないということです。南シナ海を見ていたらわかると思いますが、中国はいずれ尖閣諸島に強大な軍事基地を作ります。あそこに軍事基地ができれば、台湾と沖縄の両方に睨みがききます。こんなに怖ろしいことはありません。

そして次は、また何年もかけて今度は沖縄本島を狙ってきます。中国は五十年計画で日本の占領を考えていますから。

石平　総理大臣が反撃を命令できずに尖閣を奪取できたら、中国としては、もはや自衛隊が南西諸島にいくら駐留していても、いないのと同じです。戦わなくても、マスコミと世論さえ操作してしまえばいいわけですから。この時点で日本の命運が決まりますね。自衛隊が反撃すれば、マスコミが言うように中国と戦争になるかもしれません。ですから、日本の総理大臣も自衛隊も日本国民も、相当の覚悟を決めなければならない。こうなった以上、中国と全面戦争に突入してもやむをえない、という覚悟を示すことが必要です。

いったん戦いが始まれば、どこで収束できるか誰もわからない。しかもこの決断は即時に、遅くとも二～三日でしなければいけない。もしこの決断ができない総理大臣なら、尖閣は確実に取られてしまいます。尖閣侵略は、日本崩壊の序曲です。『カエルの楽園』でナパージュが崩壊したのと同じプロセスに入ってしまえば、もう止められません。百田先生、どうでしょう。その可能性はありますか？

百田　ここ数年の出来事を見ていますと、そこに行き着くしかないと思っています。なぜなら中国は、日本に対する領土的野心を堂々と公言しているのです。そもそも、「尖閣は核心的利益」だと繰り返し主張しているわけですから。一〇〇％奪いにきますよ。最初に漁船を送り込み、次に公船、さらに軍艦を送り込んでくる。軍事専門家でなくても、簡単に予測できる展開です。

将棋や囲碁を見ていて次の一手を予想するようなものですが、現時点での予想は初心者でも難しくない。ここ数年の中国の行動を見ていれば、段階を踏んで日本に攻め込んでいるのがよくわかります。いままでは準備期間でしたが、いよいよ尖閣諸島への上陸か、日本の船を攻撃する。日本が海上自衛隊の護衛艦を出動させれば、レーダー照射を繰り返す。中国の行動はエスカレートしていますから、必ず奪いに来ます。

石平 私もそう思います。中国の出方はわかっているわけですが、そこで最も深刻な問題は、日本人が抵抗を放棄する可能性があることです。いまの安倍晋三首相でもその可能性はありますし、もし野党から首相を出していれば、なおさらです。

百田 そうですね。自民党でも野党でも、親中派の首相が政権を担っていたら、取り返しのつかないことになるでしょう。

沖縄の切り離し工作が進んでいる

石平 実は、尖閣への軍艦侵入に先立つ五月十七日に、おかしなニュースが配信されていました。琉球新報ネット記事によると、「第2回琉球・沖縄最先端問題国際学術会議」が同十六日までに中国・北京で開かれた。主催者は中国戦略・管理研究会、北京大学歴史学部などです。

日本の沖縄をテーマとした「国際会議」が、那覇でもなければ東京でもなく、中国の首都・北京で開催されたのはいかにも奇妙な出来事でしょう。さらに不可解なのはその中身です。この記事によると、会議において「沖縄の自己決定権や米軍基地問題、独立などをめぐって意見を交わした」といいます。

沖縄の「米軍基地問題」や「独立問題」は、言うまでもなく日本の国防・主権にかかわる重大問題でしょう。こうした問題が、中国という第三国の研究機関主催の会議で議題にされたことは異常というしかありません。日本の内政に対するあからさまな干渉です。

さらに問題視すべきなのは、会議の筆頭主催者となった「中国戦略・管理研究会」です。中国の場合、名称に「中国」と冠することのできる機関は中央政府直属の組織である場合が多いのですが、上述の「研究会」は政府のどこの所属であるか、いっさい明らかにしていません。

研究会の本部は中国政府が国賓を迎えるための「釣魚台国賓館《ちょうぎょだいこくひんかん》」に住所を置いていますから、普通の研究機関でないことは明らかです。

研究会の理事会の構成を見ると、国防相を務めたこともある人民解放軍の元上将など、大物軍人が名を連ねています。この研究機関の背後に中国軍があることは明白です。

中国政府・軍をバックにしたこの怪しげな研究機関の主催で、沖縄の「米軍基地問題」

や「独立問題」を討議する「国際会議」が開かれたわけです。それはどう考えても、中国政府と中国軍の戦略的意図に基づく高度な「沖縄工作」の一環でしょう。沖縄は日本の一つの県ですよ。その独立の問題が北京で議論討議されている。

百田　あり得ない話です。

石平　通常の国際感覚では戦争になりますよ。もし中国がロシア人を呼んで、ロシアのどこかの州の独立問題を北京で討議したら、翌日にロシアと相当な紛争になるはずです。中国側の研究会メンバーは将軍級の軍人が何人もいて、日本からの参加者は沖縄二紙、琉球大学、沖縄国際大学の研究者と、すべて独立を主張している人々です。ということは、これはどう考えても中国が沖縄を切り離す工作の一環ですが、日本に対して秘密にする必要すらなくて、堂々とやっているわけです。日本政府は手を拱《こまね》いて、知らぬふりを決め込むしかない。

五月十六日に会議が閉幕した約一週間後、沖縄で米軍属による女性殺害事件が発覚し、沖縄全土で米軍基地反対運動、海兵隊撤退を求める県民集会が開かれる。たまたま起きた事件とは思いますが、その後の米軍基地反対運動は、常識的にみて北京の動向と無関係とはいえません。北京はすでに沖縄を操って、米軍基地を追い出す計画を着々と前進させています。

何かの事件がきっかけで、沖縄の米軍を追い出す運動が頂点に達した時、中国政府は平和宣言を出すでしょう。「米軍さえ沖縄から撤退すれば、我々中国人民は永遠に、琉球人民と友情と平和で結びつきます」というメッセージです。「これで東アジアは永久の平和の地になるでしょう。琉球は東アジアの平和と繁栄の拠点になるでしょう」。そのうえで、中国は琉球と大いに貿易関係を深めます、インフラも整備します、経済・財政面でも支援します。沖縄側は大歓迎となれば、日本はもう、どうすることもできません。

百田　そこでもうひとつ考えられるのは、中国はカネを潤沢に持つようになったので、沖縄の基地問題にも手を突っ込んでくるかもしれないことです。基地問題というのはややこしくて、沖縄の人たちは現実問題として基地がカネになることを知っています。地主たちは本音では米軍に出て行ってほしくない、という構図です。もちろん反戦地主もいますが、基地があるから生計がなりたつ人のほうが数は多い。その意味で、米軍基地が沖縄経済を支えてきたわけです。ところが、こうした戦後的状況が一気に変化する可能性がある。中国が基地収入の代わりに補助金を投入し、経済面で肩代わりします、と言い始めた時にどうなるか、という問題です。

石平　二〇一五年四月、当時の翁長知事が中国を訪問しました。中国側との会談では、尖閣問題には一切触れず、沖縄をこれから東アジアの貿易の拠点にしましょうと呼びかけました。それは中国にとってありがたい誘い水ですよ。沖縄から米軍基地を追い出せば、さらにいろいろな手を打つことができます。世論工作と経済工作で沖縄を安心させて、米軍基地がなくなったあと、中国がビジネス面でも面倒を見ましょう、と言うでしょうね。

先ほど紹介した、沖縄独立問題の北京国際会議で、沖縄国際大学教授は「全基地撤去後、全補助金撤廃後の琉球・沖縄経済に関する一考察」という発表を行っています。米軍基地撤退後の沖縄の経済をどうするかは、すでに彼らの視野に入っている。軍事的恫《どう》喝《かつ》に加えて、経済的支援でも世論戦をリードする。すべては米軍が沖縄から出て行かざるを得ない状況に持っていくためです。

ここから先は仮定ですが、もし米軍が沖縄の求めに応じて基地を畳んで出て行ったら、グアム・サイパンかアメリカ本土に戻るかはさておき、アメリカは尖閣問題に関与する義務も意志も失うでしょう。それが中国の狙い目です。そうなれば、日米安保条約は実質上、効力を失います。アメリカはすぐに日本との安保条約を解消するとは言わないでしょうが、しかし沖縄に米軍が前方展開していなければ、日米安保の意味は現実的に失われてしまいます。

百田　グアム・サイパンまで退《ひ》かれたら終わりですよ。たとえば、グアム・サイパンから、尖閣を守るためにわざわざ米海兵隊が出てくるわけがありません。グアムの防衛線さえ守ればいい、あとは不要というメッセージです。

石平　グアムの西側には関知しない、と。

百田　アメリカも国防上、ミサイルを積んだ中国潜水艦が太平洋を自由に行き来するようになって、いつでも核を撃ち込まれる事態は避けたいでしょう。だから現状では、自衛隊の協力も得て、南シナ海や東シナ海に封じ込めておく。ただし、その戦略をいつまでアメリカが保持してくれるかわかりません。それなのに、日本の安全保障をアメリカの意向に任せきってしまうのは非常に怖い。将来、アメリカの西太平洋戦略が変わって、いままで日米安保で守ってきましたが来年からやめます、となったらどうするのか。日本はその事態にまったく備えていません。いまの自衛隊の装備も、米軍がいることが前提になっています。イージス艦にしても対潜哨戒機にしても、米軍とリンクして一緒に行動することが前提ですが、肝心の米軍が日本からいなくなるかもしれません。二〇一六年はじめ、トランプが大統領選に勝つことを誰も予想できなかったのに、十年後、二十年後にアメリカの世論がどう変わるか、予測できる日本人はいないでしょう。

もともと安保条約は冷戦時代のもので、ソ連を仮想敵国としていました。ソ連が崩壊したあと、本当は日米安保の意味はあまりなくなっていましたが、プーチンのロシアはまだソ連の拡大主義を引きずっているところがありますけれども、ロシアには南下してくるほどの人口圧力はないし、北方領土以外では深刻な葛藤はありません。

日本の安全保障にとって、中国が本当に脅威になったのは冷戦が終了してずっとあと、ここ十数年くらいの新しい状況ですから、古い知識と意識を持った多くのジャーナリストや文化人たちは頭がついていかないのです。日本は終戦以降の七十五年間で幸せになりすぎて、戦争は怖いと思い込んでいる。とにかく戦争だけはいやだ、と。

石平　戦争にさえならなければ、それでいい。領土を取られても拉致《らち》されても何でもいい、という感覚ですね。

百田　七十五年前に負けて、洗脳された戦争への恐怖が、いまだに全身に染み付いています。

石平　もし中国が尖閣を占領したら、まず平和主義のポーズをとるでしょう。「尖閣諸島を平和の島にしましょう。観光の島にしますから、日本の皆さまもぜひ遊びにきてください。港湾や滑走路を作って、クルーズ船も寄港する観光名所の繁栄の島にしましょう、日中平和のシンボルです」と。まず、このような「平和ヅラ」作戦を仕掛けてきますよ。

百田　なるほど、そう来ますか。

石平　いきなり尖閣に軍事拠点は作らず、まずは平和の島と称して開発する。すると日本のマスコミは、「ああ、あの時、戦争をしなくてよかった」というムードが漂うでしょう。対日戦略はこの繰り返しになる。次に中国が沖縄本島を取ろうとするとき、日本国内は「尖閣では戦争をせずに平和の島になった。だから中国と戦争してはならない」という論調になることは確実です。

百田　なるほど。日本は戦争に負けてもいいから無抵抗を貫こう、という人が大勢います。一体これはなぜかと考えるに、日本が七十五年前、戦争に負けて米軍に占領された時に大虐殺が起こらなかったからではないか、と。だから今後、中国軍に占領されたとしても、逆にまた新しい時代が始まって良いことになるかもしれない、という気持ちがどこかにあるのかもしれません。

石平　そうですね。「今、ウシガエルに支配されて、ナパージュは再び平和の国に生まれ変わるのだ。ウシガエルが去れば、ナパージュは以前以上に素晴らしい国となろう」と〝ガルディアン〟も言っていました。多くの日本人は、戦前よりもアメリカに占領された戦後のほうがむしろ良かった、と思っているくらいですから。

百田　だから、むしろ中国に占領されたら、新たな次のステップに移って、いままでとは違う意味で平和な国になるんじゃないか、そんなふうに考えている節があります。

石平　おそらく中国も、日本人のそうした心情の機微《きび》を察しています。だからこそ、尖閣を占領したら、直後に「平和」を持ち出すはずです。「これで領土問題は終わりました、日本と中国は永遠に平和な友好関係を結びましょう」と。日本人はアメリカの自由と民主主義と同様、中国の「平和主義」も信じてしまう気がします。

逆に国内では、「尖閣諸島を失ってよかった！」という安堵の声も出てきそうですね。

百田　もし七十五年前、アメリカの占領軍に多数の日本人が虐殺されていたら、日本人も国を失うことがいかに怖ろしいことか、肌身に染みてわかったはずですが、現実はそうなりませんでした。

石平　アメリカは食料を運んできて日本を飢餓から救い、平和憲法までくれた、負けてよかった！　というのが日本人の内なる声ですね。とくに、左翼的な知識人はそう思っているでしょう。だから「わたしは他のカエルを殺すくらいなら、殺される方を選びます。三戒を守って黙って死んでいきます」というセリフに類する発言が出てくる。

百田　負けてよかったという思いがあるから、無抵抗で死んでいくとか、マヌケなことを言うんです。結局、自分一人だけのことしか考えていません。自分の家族や友人、隣人たちにも殺される選択を強要するのか、他国から侵略されて家族や友人が殺される、という事態が起こらないと端《はな》から信じ込んでいるわけですから。でもね、アメリカ人と中国人は違うんですよ。少し脱線しますが、アメリカ軍はなぜ日本人を大量虐殺しなかったかの理由は、非常に難しいし、異説もあると思いますが、私は戦争最後の半年間における神風特攻隊の存在が大きかったと思うんですよ。

この国民はいざとなったら命を捨てて顧《かえり》みない、日本人は死ぬまで立ち向かってくる、と。もし占領後に強烈に弾圧したら、この国の人間は死ぬまで抵抗してくる、という恐怖感があったと思うんです。

石平　たしかにそうですね。というのは、圧倒的な物量の差があるなかで、純粋に軍事的な視点で見れば、特攻隊の行為はほとんど意味がないといわれてしまうかもしれません。しかしそれでも、特攻隊の活躍のおかげで、日本を占領しても、日本人の心を変えられなければ、彼らはいつでも立ち上がって逆襲してくる、一億全員が特攻隊になりかねない、アメリカはそれを一番恐れていたわけですが、なぜか日本人自身がそのことをわからなくなっている。特攻隊の人々が尊い命を捧げたからこそ、虐殺されなかったんだ、ということが。

百田 私は二〇〇六年に『永遠の0《ゼロ》』を書いて、自分のなかでずっと特攻隊とはどういうものか、総括してきたんです。ひとことで言うのは本当に難しいですが、特攻隊の人たちはアメリカを心底怖れさせたと思っています。そして、硫黄島《いおうとう》やペリリュー島で全滅するまで戦い抜いた兵士たちが戦後の日本を救った、と私は思っています。

しかし、戦後の日本人が虐殺もされず、軍部主導の国から平和国家に転換した、この切り替えがあまりにも鮮やかだったために、戦争に負けても大したことはない、という意識が日本人のなかに生まれたんだと思いますね。

石平 もし敗戦後に、アメリカではなくソ連に(分割)占領されていたら、日本はどうなっていたでしょうか。

百田 それはえらいことですよ！　怖ろしい弾圧を受けたはずです。

石平　国民全員が奴隷同様の扱いでシベリア送り、収容所送りになったかもしれない。しかしいまの問題は、尖閣が占領されたあとのことをシミュレーションしますと、中国は尖閣を平和の島と宣言して、日本のマスコミも国民世論も、尖閣を取られてよかった、となることです。

百田　先ほど、中国は尖閣を奪うと軍事基地を作るだろうと言いましたが、実はしばらくは何もしない可能性も十分あります。すると、国民もマスコミも「何だ、やっぱり大したことないじゃん」と思います。尖閣を取られる前に、あれだけ脅威論を煽っていた百田尚樹や石平は、単なるアジテーターにすぎなかったと言われるでしょう（笑）。

石平　そうなったら、二度と中国の脅威を公に発言できないようになりますね。「お前たちは前に、尖閣は危険だと言っていたな。でもいまになってみれば、取られて逆によかったじゃないか」と。

百田　「また石平があんなこと言うてる」ってね（笑）。

石平　いえいえ、「また百田が言うてる！」ですよ（爆笑）。

百田　ははは！　とにかく私たちが何か言うと、マスコミは「お前たちは、日本と中国を全面戦争させる気か」とね。

石平　そうなると、沖縄の世論もずいぶん変わるでしょう。尖閣を平和の島にする宣言のあと、中国の次のステップは「琉球独立」です。

百田　そうですね、まず沖縄を独立させる。独立したら中国の傀儡《かいらい》政権ができます。

石平　それは間違いありません。まず沖縄の内部から独立の機運が盛り上がる。中国も、自決権に基づく民族の独立は素晴らしい、と後押しするでしょう。もし沖縄で住民投票をやれば、イギリスのEU離脱投票で起きた事態が、日本でも現実になります。

百田　しかも、当時の翁長知事は二〇一五年九月、スイスのジュネーブで開かれた国連人権理事会に出席して、「沖縄／琉球民族は先住民族であり、基地問題は先住民族の権利を侵害する人種差別だ」と無茶苦茶な講演をしました。少数民族で差別され、迫害されている、と民族自決権という言葉まで出して、国連で大ウソを並べた。要は沖縄独立の準備工作を、国連を舞台に行ったわけです。

日本は「琉球独立」を容認する

石平　そこで、次のシナリオを考える必要があります。日本政府は当然、沖縄の独立の動きを容認しません。どんな政府も分離独立を積極的に認めるわけにはいきませんから。するると沖縄のなかから、中国に助けを求める声が澎湃《ほうはい》とあがるでしょう。「日本は我々琉球民族の当然の権利である独立を認めないが、我々はもともと琉球王国であり、中国と密接な関係があった。民族自決権に基づいて、中華人民共和国に琉球独立の支援を要請しよう」となるはずです。そこで、米軍はもういませんから、中国軍が進駐してくる。

百田　沖縄の独立を助ける平和維持部隊、という名目でやってくるでしょう。もしかするとアリバイとして、中国の友好国との多国籍部隊の体裁《ていさい》をとるかもしれません。

石平　その時、日本はどう対応するでしょうか。

百田　とても難しい状況ですね。もしかすると、日本の世論は沖縄を切り捨てるかもしれません。沖縄独立のために中国とことを構えるのは厄介だ、戦争は起こしたくない、と。

石平　日本人はどこかで、沖縄は切り捨ててもいいと思っているかもしれない。さらにいま、本州の人の多数派も、沖縄から米軍基地がなくなったほうがいいのではないか、という同情的な気持ちになっているでしょう。世論調査でも、沖縄の反基地運動に同調する意見が多いです。そこで最悪の流れが生まれてくる。もちろん議論は百出するでしょうが、有力なのは「沖縄人自身が独立を求めているのに我々が抑圧したら、中国と戦争になるし、沖縄の権利を認めないことで少数民族差別に繋《つな》がる」という言い分でしょう。

百田　沖縄の人たちが日本に助けを求めていない、という論理ですね。もし中国が軍事力で無理やり侵攻したなら助けに行くべきだけれども、沖縄自身が分離独立したがっている。中国は沖縄の自発的な要請を受けて支援に来ただけなのに、日本政府が沖縄の独立を許さないといって中国と全面戦争に突入するのは絶対に避けるべきだ、と言い出す人が出てくるはずです。

石平　〝デイブレイク〟と同じ。中国との戦争はけしからん。私たちが沖縄の独立を阻止すること自体、けしからん、と。

百田　いや～、どんどん怖いシナリオになってきましたね。

石平　しかし、このシナリオには現実味があるんです。私がそれに気づかされたのが『カエルの楽園』だったわけです。

百田　ウシガエルに領土も命も奪われていくシナリオ全編が、沖縄で現実化してしまう。

石平　しかも領土を奪われるたびに、「それでいい」という議論が必ず出てくるわけです。「尖閣ごとき小さな無人島、欲しいというならくれてやってかまわないではないか」。次に沖縄では、「沖縄の人々の意志を尊重しなければならない。今度は沖縄の自己決定を尊重しよう」という論理になる。

もし中国に占領されたら、沖縄はチベット自治区のようになりますよ。チベットが中国と結んだ十七か条協定では、「チベット人民は民族区域自治を実行する権利を有する」「チベットの現行政治制度に対しては、中央は変更を加えない」「（チベット）人民の針一本、糸一本といえども掠奪《りゃくだつ》しない」「チベットの農・牧畜・商工業を逐次《ちくじ》発展させ、人民の生活を改善する」「チベットに関する各種の改革は、中央は強制しない」とされていました。一国二制度で、自治や自由が認められるかのように偽装するわけです。

中国はこういう工作がうまいのです。まず沖縄の自治を認める。しかしその代わりに、軍事基地を沖縄に作ることを認めさせるでしょう。沖縄の平和を守るため、という大義名分で。

百田　チベットも、最初は平和的なポーズで侵略していきました。そういう中国の怖ろしさをもっと知るべきでしょう。南シナ海、そして尖閣での動きを見れば、中国人がいかに狡猾《こうかつ》に、したたかな戦略をとっているかわかります。
やがて、中国人を大量に入植させるでしょう。第3章で触れたように、中国はいま国内に人が住めなくなっていますから、国外に自分たちの生活する空間を作らなければならない。〝デイブレイク〟は「南の草むらはウシガエルに譲ろう。そうなればウシガエルとツチガエルは新たな友情を結ぶことができる」、だから仕方がないと言っていました。

石平　「友情草むら」と同じで、沖縄も中国との「友好の島」を高らかに謳《うた》うでしょう。中国が沖縄を手に入れたい理由のひとつは、昔の琉球王国はもともと中華秩序、中華帝国を中心とした秩序の一部だったからです。朝鮮もその一部でした。中国人の主観では、近代に入って、中華の覇権を完全に打ち破ったのはイギリスでもフランスでもない、日本なんです。明治日本が日清戦争で朝鮮を中国から切り離した。琉球処分で沖縄県にした。さらに台湾も取った。中国から見た歴史では、中華帝国を解体したのは日本というわけです。イギリスは儲けるため、商売のために中国に入っただけだ。中華帝国の真の復活は、香港ではなく当然、台湾ということになります。そのために核心的利益という尖閣を奪取して、琉球も奪う。

たとえば沖縄タイムスや琉球新報は、米軍基地を追い出すとあれほど言っていますが、もし中国に占領されて軍事基地を建設されたとしても、大歓迎の社説を掲載するのではないでしょうか。

沖縄では、アメリカの軍事基地を悪とするあまり、中国の軍事力は平和のためにあるという言い分が罷《まか》り通ってしまいかねない。東アジアの平和を守るための軍事基地であって、我々は大いに協力しなければならない、なんて社説が掲載されるかもしれません。

百田　いわゆる「中共の核はきれいな核」という話に似ています。日本の反核団体である原水爆禁止日本協議会は一九六一年、ソ連の核実験への対応をめぐって、ソ連政府への抗議を主張する社会党系とそれに反対する日本共産党とが対立し、やがて分裂しました。共産党は「核戦争の根源であるアメリカ帝国主義をアジアから追い出せ」と言って、ソ連が防衛のための核実験を行うことに理解を示したわけです。日本のノーベル文学賞作家である大江健三郎さんも反核思想の持ち主ですが、中国の核実験を見て「中国のある砂漠の一角にキノコ雲が起こった時、それを見守る中国の若い研究者たち、労働者たちを揺り動かした喜びの表情は、客観的にいっていかにも美しく感動的であった」と理解を示しました。

とにかく、アメリカに対抗する共産主義は素晴らしいものだという意識が、日本の知識層にはずっと残っているのです。

石平　そういえば二〇一五年、沖縄の那覇市に「龍柱《りゅうちゅう》」が建ちました。当時の翁長知事の肝煎《きもい》りの事業です。ご存知のとおり、あれは中華皇帝のシンボルです。昔から中国には、領土外の土地を奪い取ったら、そこに龍の柱を立てる習慣があります。つまり、龍の柱が建てられた那覇市は……。

百田　中国のものだ、と？

石平　そうです。しかしこれを建てたのは、中国人ではなく沖縄人でした。それを「友好」などと持《も》て囃《はや》している神経が私には信じられません。もし人民解放軍が沖縄に上陸した時、おそらく多くの沖縄人は悲しい顔でひそかに反発をするでしょうが、一部の人々は熱烈に歓迎するでしょう。「祖国復帰」などと言い出す人もいるはずです。

百田　あるいは、「沖縄が解放された」とか「オール沖縄の悲願達成」とか。

石平　「悲願達成」は、ありそうなフレーズですね！

百田　沖縄のメディアは、「中国様のおかげで、とうとう日本の軛《くびき》から離れ、独立することができました」という世論の風潮をつくりだすのでしょう。

石平　そうかもしれません。「琉球処分以来、日本帝国主義に占領された結果、我々はどれほどの苦しみを味わってきたか。やっとそれが終わった」と。

百田　十分にあり得ますね。

石平　その時、朝日新聞はどういう社説を書くでしょうか？

百田　おそらく、いままでと同じことを言うでしょう。「独立してよかった、これで世界が平和になる」と。「沖縄に米軍基地があったおかげで、東アジアの緊張を高めていたけれども、とうとう米軍基地がなくなって、これからは日中友好でやっていける。沖縄はその橋渡し役になるだろう」と。

石平　沖縄は今後、日中の永遠の友好の橋渡しになる。

百田　沖縄で若い女性が殺害される被害がありましたが、もし沖縄に中国軍の基地ができれば、あれを遙かに超えるおぞましい事件が頻繁に起こるでしょう。

石平　けれども、中国共産党の統制下に入ってしまえば報道されませんから、真相は藪《やぶ》のなかです。

百田　報道規制されて、中国人に沖縄の女性が乱暴されて殺されても、本当のことはわからなくなってしまうでしょう。

石平　中国が沖縄に入ったその当日に、中国共産党の特命チームが沖縄二紙を押さえます。二つの新聞社は、その可能性を真剣に考えたほうがいい。中国に占領されたら、あの二つの新聞社がこれまで享受《きょうじゅ》してきた言論の自由も民主主義も、すべてが奪われます。中国はそこがすごく上手なんです。まず最初に支配するのがメディア。次に選挙を名目だけのものにする。香港と同じです。

日本人の皆さんに聞きたい。そうなったらどうしますか。世論はどういう反応をするのかが知りたい。居酒屋で日本のサラリーマンは、この話をどう語るでしょうか。

百田 情報が届かなければ、見て見ぬフリをするかもしれません。もしくは、日本の普通のサラリーマンが心配するのは「これから沖縄に行く時、ビザをとらなくてはいけないから面倒だな」と、その程度かもしれないです。尖閣で緊張感が高まった時にも日本のサラリーマン何人かと喋ったんですが、「あんな無人島のために中国といざこざが起こったら、経済的なビジネスができなくなるから大きな経済的マイナスだ」と言う連中がすごく多かった。日本経済は中国に相当依存しているので経済的に失うものが大きい、無人島なんかくれてやれ、と言って憚《はばか》らないビジネスマンが多い。

石平 ではさらに言えば、沖縄もくれてやって別にかまわない、ということですね？

百田 経済的な理由で中国に譲ろう、という世論も十分にあり得ます。もちろん、沖縄を取り返すために大戦争になるからダメ、という人も多いでしょう。いずれにせよ、日本に戦争をさせない理由は山のように見つかるし、安保法制の時と同じ、「戦争反対」と叫んで国会や首相官邸の前でデモが起きるでしょう。

石平　戦争をやらなければならない理由は何ひとつない、と。

百田　沖縄を取り返すのはいかにムダなことで、国際的にもマイナス面が多くて経済的に得るものがないかということを、あらゆるメディアが発信するでしょう。

石平　それが一番怖いことです。昔、日本赤軍が旅客機をハイジャックした時に、福田総理が言いましたね。

百田　「人の命は地球より重い」。

石平　はい。私にとって非常に強く印象に残っている言葉です。尖閣と沖縄を奪われたとしても、人命は地球より重いから沖縄をめぐって戦争するべきではない、と。どうでもいいじゃないか、まさか尖閣や沖縄が地球よりも重いはずがない、という議論が出てくる。朝日新聞は一面で社説を出すかもしれません。「人の命は領土より重い」と。

百田　尖閣を奪われて取り返さなくてはいけない時に、「経済的な価値もない無人島で、双方の国の若者の命が多数、失われてもいいのか」と社説で書くかもしれませんね。戦後の日本は絶対的な平和主義に貫かれていて、一人も死んではいけないという考え方です。それはある意味で、戦争よりも怖いことです。

石平　もちろん、人命は万国共通で尊重されねばなりません。しかし侵略されたら、国民の命を守るためにやむを得ず戦うこと、多少の犠牲を払うことは仕方がないのです。それが世界的に見て当たり前の考え方でしょう。もっと言えば人類は古代からずっと自分たちの共同体を守るために犠牲を出してきました。その代わり、みんなの犠牲になった人に敬意を払うわけです。名誉も与える。靖國神社にも祀《まつ》る。しかし日本はいま、誰も犠牲になってはいけないし、犠牲になった人にも敬意を払わない状況になっている。

百田　まさにそのとおりです！　いま、マスコミは政治家の靖國参拝を徹底的に批判していますが、これも次の戦争を起こさせない狙いがありますね。つまり、国を守るために死んでも無駄死にになる。マスコミは何の敬意も払わず、名誉も与えない、尊敬もされないということ。靖國参拝批判は、戦ってもまったくの無駄死にだという思想を国民の間に作っています。

石平　靖國参拝してはいけないという人々は結果的に、日本の国防を解体して外国の侵略を容認しているのと同じです。百田さんが書かれた『永遠の0《ゼロ》』の世界観もそうでしょう。死んだら靖國神社で会おう、これがひとつの合言葉。国のために命を捧げた人を靖國神社に祀って、天皇陛下も総理大臣も参拝する、戦友たちにもここで再会することができる。

百田　そして多くの一般国民も、「あなたたちのおかげです」と参拝するわけです。特攻隊員にしても、そういう思いで死んでいきました。自分たちが死ぬことによって国が守れるかもしれない、日本という国の礎《いしずえ》になるという思いで死んでいったのですから。ところが現在のマスコミは、そういう死に方をしても無駄だよ、という強固な言論空間を構築しています。死んだら丸損だよ、と。

石平　自衛隊の現状は、普通の国ならあり得ません。犠牲となっても靖國神社に祀ってくれない、生きていても軍人としての名誉を社会が与えてくれない。普通の国なら軍人は誇りを持って軍服を着て、街を闊歩《かっぽ》しています。日本の自衛隊はそれができません。

百田　軍服を着ているだけで非難されます。二〇一六年四月の熊本地震でも、自衛隊の炊き出したカレーライスは食べたくない、と反対した市民グループがありました。

石平　二〇一三年に滋賀県大津市で、自衛隊員が迷彩服を着て移動すると、地元住民が「戦争の象徴の服で日常生活に不安を感じるからやめて」と抗議したニュースがありました。自衛隊の迷彩服を見たら不安になるというのがどういう意味か、とっさにはわかりませんでした。では、中国人民解放軍の迷彩服を見たら安心するのでしょうか（笑）。本来なら、自分たちを守ってくれるはずの自衛隊を見ても安心できない、日本では逆に不安になるという。

百田　それも、戦争を連想させるという理由でしょう。本当に戦争を経験してそのことを思い出すような年齢の人は、もうそのグループにはいませんよ。無茶苦茶な連想ですが、とにかく日本は現実社会から「戦争」の匂いがするものを一切排除しています。戦争はとにかく悪いことだ。日常生活から戦争というものを一切消し去ろう。それで戦争から目を逸《そ》らしている限りは平和なんだという考え方です。

だから、自衛のための戦争でも悪である、という。戦争はすべてよくないんだ、と。

石平　もしその前提が成り立つなら、論理的に考えて、日本は侵略されても仕方がないことになりますね。いかなる侵略に対する抵抗も戦争になるから、すべて無条件降伏するのが戦争にならない唯一の方法になるわけです。完全な無条件降伏のあとでやってくるのは大虐殺なのに……。そこが日本人にはわからない。

百田　世界の歴史を勉強すればすぐわかること。しかも中国人というのは、前の章で見たように非常に残酷な支配を繰り返してきた民族ですから。日本人がその被害に遭わないと信じる理由がないのです。

第6章

日本が中国に占領されるとき

アジアのルールは中国が決める

石平　二〇一六年八月十六日、中国紙の『環球時報』ネット版「環球網」は、中国国防大学戦略研究所元所長の楊毅《ようき》教授（少将の階級をもつ現役軍人）の発言を掲載しました。中国に逆らって、米軍の高高度防衛ミサイル（THAAD）の国内配備を決めた「韓国を徹底的に懲《こ》らしめることによって、今後のための一つのルールを確立することができる。周辺国に分からせよう。中国と付き合うのにはルールがある」と。つまり楊教授は、力ずくで周辺国をねじ伏せ、一方的にルールを作って周辺国に強制すべき、という中華帝国の本音を語っているのです。

百田　第4章で「歴史的に見て、中国の定義は難しい」と言いました。中華世界は、中央の専制政府の力が強くなれば外に膨張し、弱体化すれば収縮して辺境地域を失うことの繰り返しですから、「国境」がはっきりしないのです。中華世界に侵入してきた異民族を同化して、その領土も勝手に版図《はんと》に加えるという特異な思考パターンがあります。満州族が建国した清《しん》帝国は、沿海州やハバロフスク、満州、モンゴル、新疆《しんきょう》ウイグル、チベットを支配下に置き、史上最大の版図を築きました。すると国共内戦に勝利した毛沢東は、一八四〇年のアヘン戦争以降、帝国主義列強に侵略された中国の版図を取り返すといって、満州や内モンゴル、新疆ウイグル、チベットを軍事力で押さえました（ただし、台湾は奪取に失敗し、沿海州はソ連に遠慮して手を出しませんでした）。さらに毛沢東はビルマ（現ミャンマー）、ブータン、ネパール、琉球など、アヘン戦争とは関係のない地域も「奪われた領土」だと言い出した。習近平は、香港やマカオを取り返したのと同じような感覚で、次のターゲットを沖縄に絞っているわけです。その次は北海道、九州、そして本州ですよ。

石平　それも、中華思想に基づいた思考です。自分たちの支配の論理を押しつけて当然だと考える。

百田　領土を取り返すといいつつ、前の支配国家の分まで奪ってしまう。辺境に住む異民族も、「失地回復」の空間のなかに融通無碍《ゆうずうむげ》に含まれてしまうのです。日本人はこうした中国人の特異な思考パターンを知りません。過去何十年も平和だったからそれが永久に続く、と安心しきっている。

史上もっとも安全な時代に、最大の軍拡に走る異常な国

石平　十年前に誰が想像できたでしょうか？　中国の軍艦が日本の領海に入ってくるなんて。

百田　本当ですね。日本の政治家も、五十～六十代のジャーナリストも、中国がまだ弱かった二十年前の感覚のままで止まっているんです。二十年前まで、中国はとるに足らない侵略兵器しか持っていない国でしたから、それでもよかった。しかしその後、刻々と時は動いて、一年前と今日ですら、まるで状況が違う。中国の侵略のスピードはどんどん速くなっているというのに、彼らの頭のなかでは情報が上書きされていかない。

石平　二〇一六年六月の領海への軍艦侵入を境に、状況は決定的に変わりました。ところが、日本人にそういう意識はありませんね。

百田　テレビも新聞も脅威を報道しませんし、朝日新聞や沖縄二紙などのマスコミは、危機ではないと連呼していますから。

石平　危機を煽り立てるな、と。危機だと叫ぶ人に対して、悪いのは中国ではない、お

前たちが戦争したいから煽るのだ、と攻撃する。

百田　過去十年間の中国の軍事力の桁外《けたはず》れの増強ぶりを見れば、誰でもおかしいとわかるのに。

石平　誰が見てもおかしい。中国人にとっては歴史上、現在ほど安全な時代はありません。外国からの侵略を心配する必要がなくなり、中国本土に本格侵攻する国は、もうどこにもないのです。アメリカだって、中国に攻め込んで地上戦を挑むことなど、夢にも考えていないでしょう。

百田　冷戦終結とグローバル時代の到来で、世界の国々が軍縮のプロセスに入っていったにもかかわらず、中国だけが突出してどんどん軍備を増強していきました。

石平　普通の推理能力があれば、誰でも思いつきます。中国が何をやりたいのか、これはおかしい、と。

百田　ここ数年の尖閣《せんかく》における動きを見ていてもわかるし、毛沢東以来の覇権追求の歴史的経緯を見ていてもわかる。中国がいま、日本を呑み込もうとしていることは明らかです。あらゆるデータが、その兆候を示している。

石平　そのタイミングで『カエルの楽園』が出版されました。寓話《ぐうわ》でありながら、とても現実的なシナリオです。刊行直後、寓話に描かれたことが現実化しました。だとすれば、次に何が起きるか、もう想像できるはずです。

百田 それが見えていないのが、日本の不思議なところですね。

石平 もし『カエルの楽園』が二〇一六年二月ではなく半年後に出版されていたら、後出しジャンケンになっていました（笑）。絶妙のタイミングです。日本の領海に中国軍艦が侵入することすら、出版当時は想像していませんでしたから。

百田 テレビ、新聞はこの本をまったく取り上げません。これだけマスコミに無視されると、通常なら売れないのですが、単行本と文庫版をあわせて五十万部を突破しました。その意味では希望はあります。マスコミでは一切報じられないけれども、口コミで「これは危ない。『カエルの楽園』は真実だ」と広まっている。アマゾンでは、発売数カ月経ってもランキング上位です。知り合いの某出版社の編集長は「この本が百万部売れたら日本は変わる」と刊行時に話していました。

石平 本当にそうかもしれません！

百田 ネット上でも、『カエルの楽園』百万部運動を展開している人がいます。出版直後にサイン会を開いたら、会場に爆破予告があり大問題に発展しました。それなのに、ほとんど報道されなかったのは不思議です。

石平　もし左翼のサイン会に爆破予告があったら、朝日新聞の一面を飾りますよ。社説やコラムなどで一週間は書き続けるでしょうね。

百田　新刊が出ると、だいたい週刊誌や新聞社からインタビューが来るんです。ところが、『カエルの楽園』だけはまったく来ませんでした。批判記事すらほとんど載りません。

石平　おそらくマスコミ人たちは、『カエルの楽園』の本当の価値と、ベストセラーになっている意味をわかっているからこそ、触れたくないのでしょう。五十万人以上の読者が『カエルの楽園』のメッセージに真実味を感じて、日本をとりまく現実に目覚めた。そういう人たちに向けて、私たちは語りたいですね。

百田　私もなんとか目覚めてもらおうと、『カエルの楽園』を書いたんです。これまでも私や石平さんほか、いろいろな方が発言してきましたが、もっと他に方法はないか、私は小説家なので、寓話の形式なら、ふだん保守の言論に耳を貸さないような若い世代でも読んでもらえるんじゃないかと思って書きました。クリエイターが工夫して、広く読んでもらえるような形で発信する。もうひとつ、日本の新聞とテレビを何とかしなければならない、という思いがあります。

日本を守ることに反対するおかしさ

百田　中国の脅威を語ろうとしないマスコミの言論空間は改められねばなりません。日本の新聞社やNHKは「日中記者交換取極《とりきめ》」に従って、①中国を敵視してはならない②米国に追随して「二つの中国」をつくる陰謀を弄《ろう》しない③両国関係が正常化の方向に発展するのを妨《さまた》げない、という政治三原則を守り、中国に対して不利な報道を行わないことを約束し、北京に記者を置くことが許されています。中国の意に反する報道を行えば、記者の常駐が禁じられるのです。

テレビ報道も非常に偏向しています。「放送法遵守《じゅんしゅ》を求める視聴者の会」が、二〇一三年の特定秘密保護法と二〇一五年の安全保障関連法成立の際の、主要なテレビ報道番組の法案に対する賛否のバランスを、放送時間を秒単位で計測することで調べあげました。

すると、特定秘密保護法では反対が七四％（五千六百三十七秒）、賛成が二六％（一千九百六十八秒）。安保法制に至っては、反対が八九％（一万一千四百五十二秒）、賛成が一一％

（一千四百二十六秒）と大差がつきました。放送法では、賛否両論ある政治的意見は偏りなく紹介しなければなりません。さらに、テレビ朝日の「報道ステーション」とTBSの「NEWS23」は反対が九五％（四千六百五十一秒）、九三％（四千百九秒）と、賛成の五％（二百六十五秒）と七％（三百二十五秒）を圧倒し、ほぼ反対一色の報道に終始していて、放送法に反していたわけです。

また古舘伊知郎氏は、二〇一六年三月三十一日の「報ステ」最後の出演で、「人間は少なからず、偏っています。だから、情熱をもって番組を作れば、多少は番組は偏るんです！」と、偏向は当然だと主張していました。事実上、「公正な報道はしません」と宣言したわけです。ところがマスコミは、この驚くべき発言はまったく批判しません。しかし、たとえば安倍総理が二〇一二年十二月に、自衛隊を国防軍にしたいと語ると、マスコミは大きく批判しました。軍隊として認めるのは許せない、韓国や中国も怒っていると。

自衛隊を軍隊にしてはいけないというなら、世界中の国々が軍隊を持っていることもいけないのか。国防軍設置を語る安倍政権は極右だというけれども、それならいま軍隊を持つ国々は全部極右なのかと。

石平　それは、安倍首相が日本を戦争のできる国にしようとしている、という批判と同じですね。戦争のできる国で何が悪いのか。すべての主権国家は戦争ができます。そもそも、独立国家で戦争できないという道理はないでしょう。主権がないということですから。軍隊は国の独立を守るためにあります。

百田　ヨーロッパ五十カ国中、軍隊がない国は六カ国ありますが（バチカン、リヒテンシュタイン、アイスランド、サンマリノ、アンドラ、モナコ）、いずれも隣国やNATO（北大西洋条約機構）などに防衛を任せています。アイスランド以外はいずれも、モナコやアンドラなど、大阪市の北区ぐらいの大きさしかない。もちろん、資源も何もない。そんな国で軍隊なんて持つ意味はありません。大砲を撃つだけで隣りの国に当たってしまうような面積ですから。しかし、それ以外の国はすべて軍隊を持っています。チューリップと風車の国・オランダも、音楽の国・オーストリアも、酪農の国・デンマークも、ポルトガルもルクセンブルクもスイスも。

石平　日本人はよくスイスを平和国家だというけれど、私も行ったことがありますが、あちこちで兵隊さんと会いますよ。街中の日常風景に、兵士が溶け込んでいます。

百田　スイスは国民皆兵の国です。男子は全員徴兵の義務があり（女子は任意）、除隊すると六十歳まで予備役《よびえき》として登録され、いざ戦争が起きれば軍に直ちに復帰します。予備役を含めて二十一万人の兵力を持っていて、自衛隊とほとんど変わらないんです。

石平　自衛隊員は二十二万人、日本とスイスは人口の規模がまったく違いますね。

百田　日本の人口は一億二千万人ですが、スイスは八百万人くらいです。日本の人口比に当て嵌《は》めれば、スイスは三百万人以上の強大な軍事力を持っている計算になります。ソ連崩壊と冷戦終結で、西ヨーロッパでは戦争の危機はほぼ去ったといわれましたが、スイスは国民投票で徴兵制の維持を改めて決めたほど、国防意識が高いわけです。二百年間も戦争をしていない国が、これほど高い国防意識を持っているのです。いや、そこまでの国防意識があるから二百年も戦争をしていないとも言えます。

現在でも、「侵略を受けたら徹底抗戦する」と宣言し、もし敗れるようなことがあれば、国内の発電所、ダム、橋梁《きょうりょう》などあらゆる施設を破壊し、国土を焦土化して侵略国に何も与えない。一家に一冊『民間防衛』という本が配られ、市民がどのようにゲリラ戦を行うかが書かれています。民間人でも予備役には小銃が支給され、九〇年代までは家に実弾まであった。いまは公的機関の倉庫に備蓄されていて、いざという時に支給されるそうですが、有事に際して国民が立ち上がって戦う覚悟を決めている国だということがわかります。

石平　だからといって、日本人はスイスを「戦争のできる悪い国」だとは思っていません。日本より立派でまともな国だと思っている。なぜ日本がスイスと同じように自国を防衛しようとすると、「戦争ができる悪い国」になるのか？　おかしいですね。

百田　集団的自衛権を認める安保法制について、報道は反対一色でしたが、私が集団的自衛権の行使に賛成する理由は、日本を戦争の脅威から防ぐためです。自国の兵力だけで大国の侵略を防ぎきれない国は、他国と同盟を結んで軍事的に対抗しようとする。その典型例がNATOです。たとえば、ポーランドがロシアに攻め込まれたら、アメリカ、ドイツ、イギリス、フランスなど全加盟国が、自国への攻撃と見做《みな》して反撃する。NATO加盟国を攻撃すれば全加盟国を敵に回すから、ポーランド一国との戦争では済まない。アメリカとも戦争することになりますから、大きな抑止力となっているわけです。現実を見れば、世界のほとんどの国は集団的自衛権によって自国を防衛しています。

石平　世界の常識ですね。

百田　二〇一五年十一月、トルコは領空侵犯を理由にロシア軍機を撃ち落としました。プーチンは激怒しましたが、トルコとは戦争できませんでした。なぜなら、トルコはNATO加盟国ですから、トルコと開戦すればアメリカとも戦争することになる。これが抑止力ですよ。日本もそれと同じように、抑止力を高めようと集団的自衛権の行使容認に踏み切ったわけです。「自国は守ってもらいたいが、他国を守るのはいやだ」などという国は、誰にも相手にされないでしょう。

その集団的自衛権に頼らない、数少ない国が先ほど挙げたスイスです。他国と安全保障のための同盟を結ばず、ＮＡＴＯにも加盟していません。隣りのフランスがやられようが、イタリアやドイツがやられようが、スイスは助ける義務はなく、関知しません。その代わり、スイスが攻撃されてもドイツやフランスに助けを求めず、自力で防衛する。そのための軍事力です。もし集団的自衛権に反対するなら、日本が単独でロシアや中国、あるいはアメリカと戦えるだけの軍隊を持たなければいけませんが、そうした代案を出すこともなく、ただ反対する人たちは、国防について現実的に考えていないことになる。

石平　集団的自衛権に反対する人たちは、他国と同盟して日本を防衛することに反対していますが、日本を自力で防衛することにも反対です。つまり、日本を守ること自体に反対している。中国の軍艦が尖閣の接続水域に入ってきた当日、わが大阪では一部の市民が国を提訴しました。その理由は、集団的自衛権を認める安保法制が成立したことで自分たちの平和的生存権が脅《おびや》かされた、というのです。わかりますか？　中国の軍艦に生存権を脅かされるのではなく、日本を防衛するための安保法制によって生存権が脅かされたという。言い換えれば、自分たちの生存権が、強盗殺人犯にではなく、それを取り締まる警察に脅かされると主張しているわけです。

百田　怖ろしい現実です。思考回路が狂気です。まともじゃありませんね。

石平　未明に中国軍艦が尖閣の接続水域に入った日の夕方、私はいつものように天王寺の仕事場を出て自宅に帰るため、ＪＲに乗ろうとしたら、駅前で国労という労働組合が旗を出して、安保法制反対の署名運動をしていました。中国の軍艦が今日未明にやって来たというのに！　戦争反対なら中国政府に抗議してくれ、と言いたくなりました。信じられません。

百田　二〇一五年、安保法制反対運動が盛り上がって、国会前にデモ隊が集まりましたが、あの人たちは本来、中国大使館の前でデモをすべきでした。アジアの平和を脅かすな、南シナ海と東シナ海の他国の領土から手を引け、と抗議しなければいけなかった。覇権を狙う隣国の軍拡と侵略行為のエスカレートを心配して、このままではやられる。何とか日本を守るために手を打とうと考えている人たちに対して、考えるな、手を打つのをやめろ、というのはおかしいでしょう。

石平　彼らは、安保法制で日本が戦争に近づくといいますが、戦争が外から日本に近づいてきているんです。中国が軍隊を差し向けて日本に迫ってきているからこそ、安保法制が必要なのに。

百田　そうです。安全保障に対する常識のなさには驚きます。

石平　問題は、常識や現実とは正反対の思考回路が、日本のなかで正義であるかのように堂々と罷《まか》り通っていることです。

百田　とくにメディアでね。

石平　新聞やテレビの偏向に従わないと極右と言われる。すなわち百田尚樹ですよ！

百田　おっしゃるとおり！（笑）。

石平　日本人以外にはどうしてそんな理屈になるのか、理解できません。強盗犯が侵入してきたら、まずその真の意図を確かめよう、おそらく悪意はないから信頼しなければならない。我々は抵抗しない。抵抗したら逆に侵入者を刺激することになり、争いになってしまうから。武器を持って抵抗するのはなおさらいけない。最終的には、自分の家で子供が殺されても犯人を殺してはいけない、赦《ゆる》しましょうという結論になってしまいます。

百田　安保法制反対デモで、「子供を戦争に送るな」というスローガンが叫ばれていましたね。感情的には理解できますが、戦わなければ虐殺される。国と家族を守るために戦うのか、それとも戦わずして殺されるのか、それだけの話です。自分たちの子供が戦争で死ぬ未来を想像できるなら、どうして日本が侵略されて自分たちの子供が虐殺されるという想像をしないのでしょうか。想像力のバランスが悪すぎます。

しかも、中国は過去に辺境地域への侵略と虐殺を何回も繰り返してきました。そういう歴史的事実がない民族なら話は別ですが。

石平　人類の歴史を見ても同じ。世界史で戦争も異民族虐殺もなく、平和が続いてきたなら戦争反対を叫ぶだけでいいでしょうが、事実は正反対だと歴史が証明しています。

百田　いま現在も、中国人がチベットやウイグルでどんな行いをしているか知れば、日本で同じことをやられたらどうなるかわかるはず。それなのに黙っているのはおかしいですね。

石平　雑誌『女性自身』の二〇一四年五月二十七日号に、自衛隊配備計画が進む沖縄県の竹富島《たけとみじま》を取材して、「また子や孫が戦争にとられるの。竹富町民の不安。中国より安倍さんが怖いです」という記事が掲載されています。彼らの論理では、中国は怖くない、怖いのは日本の総理だという。中国は絶対にここを突いて心理戦を仕掛けてきますよ。典型的なマスコミ論調だと思います。

狙い目は日本のマスコミ論調

石平　日本を守ろうとすれば戦争になる。戦争は悪でやってはいけないから、守ること自体を放棄すべきだ、という単純な議論を、マスコミはいまだに語り続けています。

百田　困ったことに、戦後七十五年間で日本人は平和に慣れきってしまって、世界のなかでもっとも国防意識の低い国になってしまいました。同時期のヨーロッパも同じ冷戦の時代を過ごしていましたが、それでも軍隊はしっかり維持していた。中立国のスイスとオーストリアは国民投票で徴兵制廃止を否決したし、ロシアと国境を接するフィンランドも徴兵制を維持しています。一度は徴兵制を廃止したウクライナでは、ロシアのクリミア侵攻後に徴兵制を復活させました。

ＮＡＴＯ加盟国でも徴兵制度を持っている国は多い。冷戦終結後に、フランス、ドイツ、スウェーデンが徴兵制を廃止しましたが、現在でもＮＡＴＯ加盟国でエストニア、トルコ、ギリシャ、デンマーク、ノルウェーの五カ国が徴兵制を採用しています。さらに、二〇一八年からスウェーデンが徴兵制を復活させる方針を固めたと報道されています。冷戦が終わって、現実にはヨーロッパで戦争が起きる確率はすごく低くなったのですが、国防という国の基本は絶対に忘れないのです。

また、中国の軍事的脅威を誰よりも真剣に捉《とら》えて、安倍首相は必死で外交努力をしていると思います。でも、マスコミと国民世論は安倍外交を積極的に支えていません。選挙ではいまのところ国民の支持を受けて勝っていますが、テレビマスコミは声の大きな人ばかり登場させて、反安倍を煽るばかりです。

石平　安倍政権が選挙で勝っている理由は、アベノミクスに対する期待でしょう。多数派の国民は安倍政権の国防政策ではなく、アベノミクスに期待している。安全保障は票になりません。アベノミクスが失敗に終われば、おそらく安倍政権の命運も尽きるでしょう。しかし外交政策では相当頑張って、中国包囲網を形成しようとしています。

百田　日米豪印のインド太平洋戦略をテコに、南・東シナ海での中国の自制と緊張緩和に努めています。過去の総理大臣で最多の海外歴訪数は、平和のための外交努力として評価されるべきでしょう。

石平　戦争回避の外交努力こそ政治家としてあるべき姿なのに、マスコミは評価しようとしませんね。むしろ「安倍政権のせいで戦争になる」と批判ばかりです。

百田　先ほど集団的自衛権が世界の主流と言いましたが、戦争は二国間で済むものではなくなっています。A国がB国を占領すればA国との同盟国とも戦うことになるので、簡単に戦争を起こせません。不幸にして外交努力に失敗し、二十一世紀に日中衝突が起こるとすれば、やはり最初は、前にも述べたように事変から始まる。ただし、もし自衛隊が本気で反撃すれば、中国軍を圧倒するでしょう。ですから何度も言うように、中国はできるだけ全面対決を避けたい。

石平　尖閣事変で、世論が自衛隊出動を支持し、政府が自衛隊に防衛出動を指示する。国民と政府の支えで、自衛隊が断固戦う姿勢を見せれば、状況はまったく変わります。

百田　あと、自衛隊のパイロットは非常に優秀ですから。日本人は真面目だし、練度が高いし、しかも武器の精度もいいから、戦えば勝ちます。

石平　問題は、アキレス腱が別のところにあること。

百田　戦えるかどうか。

石平　自衛隊が戦うことを許されずに終わってしまう可能性がある。自衛隊は総理大臣が決断しないと戦えません。日本は民主主義国ですから、首相は国民世論の動向を気にします。国民の意識をコントロールしているのは政府ではなく大マスコミ、〝デイブレイク〟ですから。

百田　先ほど紹介した『女性自身』のような主婦向けの雑誌が、中国より安倍さんが怖いとミスリード（間違った誘導を）する。TBSやテレビ朝日も、悪いのは安倍政権だと報道する。「そうか、安倍さんがいけないんだな。中国は本心では平和を望んでいるんだ」と感じる人も増えるでしょう。

石平　国民の大半がそういう意識を持っていたら、いくら自衛隊が精強でも中国に対抗できるはずがありません。戦う前に勝負はついています。マスコミが、好戦的な首相さえ退陣させれば平和になる、と繰り返し煽るだけでいい。首相がいくら国を守りたいと言っても、怖いのは中国ではなく日本の首相だとなれば、政治家は保身のために世論に迎合するしかない。みんな『カエルの楽園』の〝ガルディアン〟になってしまいます。

百田　前から言われていることですが、もし仮に尖閣で小競り合いや局地戦が行われたとして、日本の自衛隊員が中国人兵士や民兵を撃ち殺したとしましょう。その後、当該自衛隊員は日本の弁護士や法律家や市民たちによって刑事告発され、殺人罪で起訴されるといわれています。自衛隊員にとって、これほど辛いことはありません。同胞の命を守るために戦ったことで、彼らは最悪の場合、殺人罪で死刑になるかもしれない。現行の日本の法体系、憲法九条の下ではその可能性があるわけです。

石平　そうなると日本の総理大臣は、自衛隊に出動命令できない状況になりますね。ここで中国に譲ればあとは平和になるという論調が、尖閣でも、沖縄でも、南西諸島でも、九州や本州でも、小競り合いのたびごとに顔を出してくる。自衛隊がいくら備えていても動けない。あるいは出動しても、自衛隊は危険だから、できるだけ武力行使できないよう武器使用に制限をかけなければいけない、とマスコミから敵対的に監視される。

百田　そういう意味で、中国にとって日本の憲法九条は改正されたら絶対に厄介なのです。逆に憲法九条がある限り、中国は好きなようにできる。戦後日本の平和は日米安保によって守られてきたわけですが、その現実を見ようとしない人たちが、憲法九条で守られてきたと信じ込んでいます。

石平　はい。憲法九条を守ろうとしている人たちは、客観的に見て、中国の国益のために動いています。中国の意向を受けているかどうかまではわかりませんが。たとえば、日本の憲法九条にノーベル賞を授与しようとする運動を、中国は大いに喜んでいるはずです。いままでのところ、人権・民主化活動家だった故・劉暁波《りゅうぎょうは》氏にノーベル平和賞（二〇一〇年）が与えられたように、中国には国際世論の逆風が吹いていますが、中国が経済力を増すにつれて国際環境も変化しますから、憲法九条の平和賞受賞もあるかもしれません。そうなれば日本国内の世論も盛り上がり、改憲の動きにとって大打撃となるでしょう。

百田　日本人の左翼活動家は、米軍基地反対派のみならず、「九条を守る会」も、中国の日本占領のために自腹を切って頑張っている。中国にとっては、一円のお金も払わないで日本占領工作を手伝ってくれるありがたい存在。

石平　あとは時間との戦いですね。日本人にとって猶予がどのくらい残されているか。

百田　はい、私はまだ余裕があると思っていたのですが……。尖閣で言えば、最初に漁船が来た。公船が来た。やがて軍艦が来ることはわかっていました。ただ軍を動かすのはハードルが高いので、しばらく時間がかかるだろうと予想していたのです。ところが、思っていたよりずっと早く来ました。最初は接続水域、次は領海へ。領海侵入もハードルが高いので年内かと思っていたら、接続水域に侵入してからたった一週間で来てしまいました。

石平　中国がスピードを上げるメリットは、日本人の頭の切り替えが間に合わないことです。次から次と新たな事態を発生させ、日本側はもうお手上げになってしまう。頭を切り替える時間を与えてくれないのです。

百田　中国国内でも、国防に関する法制をどんどん都合が良いように変えています。現在の南シナ海への基地建設も、その法制度に則《のっと》って行っている、と公言する。軍事攻撃のリスクが、かつてないほど高まっています。

石平　しかし一番恐ろしいのは、中国の脅威よりも、国防や安全保障に関して発言させない日本の言論空間です。何度も言いますが、それが一番危ない。

百田　マスコミ、とくにテレビは完全に親中派の手に握られていますね。二〇一五年に安保法制が可決したとき、「反対の放送時間が八九％」というテレビ報道に煽られて、多くの人々がデモに参加しました。あれを見て、中国は喜んだでしょう。実際に尖閣や沖縄で戦争が起こりそうになったら、中国の狙いどおり、テレビは総力をあげて戦争反対を叫ぶと思います。

石平　おそらく地方紙や地方局を含め、全国のマスコミが一丸となるのではないでしょうか。市民たちの「我々が望むのは平和だ、戦争は絶対イヤ」という街頭インタビューのVTRを流し続ける。子供を抱いた母親たちが登場して、「この子たちを戦争に送るのは絶対反対」と報道する。在日中国人にもインタビューして、「中国が望んでいるのは平和です、日中友好に戻るべきです」という主張を垂れ流しにする。すべてこういう方向に持っていくでしょう。自衛隊は袋叩きになってしまうかもしれません。自衛隊が中国軍を刺激した、悪いのは自衛隊だ、という世論が形成される。

百田　まさに『カエルの楽園』のシナリオのままですね。

石平　この対談が実現したのは、その危機感からです。『カエルの楽園』の筋書きは突《とっ》飛《ぴ》どころか、現実化する可能性が十分あります。

百田　『カエルの楽園』でも、ハンニバル兄弟はその強さが仇《あだ》になって、「ウシガエルを刺激するから危険だ」と、〝デイブレイク〟たちに力を奪われました。

石平　尖閣事変でも、おそらく中国は国際社会に向けて「我々は平和を望んでいる。しかし日本が自制しなかったために犠牲が出た、先に撃ったのは自衛隊だ。無法な自衛隊は明らかに中国人民の敵であり、アジアの平和にとり最大の脅威になっている。日本は平和憲法に基づいて行動し、憲法九条を遵守すればすぐに平和になる」というプロパガンダを繰り広げるでしょう。

百田　それに同調する日本の新聞社や通信社も出てくるはずです。「日本の自衛隊は日本の憲法で認められておらず、しかも憲法九条に違反する暴挙に出た。いまこそ憲法の精神と専守防衛を守れ」と主張する文化人や学者を登場させるでしょうね。

石平　つまり、中国と戦争になるのは日本人が平和憲法を守っていないからだ、という理屈です。平和を求める日本人なら憲法に立ち返ろう、と主張する。そうなると、中国が次の日本侵略のステップに移る前に、日本人自身が自衛隊の手足を縛ってしまうかもしれない。

自衛隊員の方々は祖国を守る意志がある、と私は信じています。しかし『カエルの楽園』のハンニバルは、真の敵と戦う前に、同胞の政治的決定ですべての力を奪われてしまいました。それと同じことが自衛隊に起こるかもしれないのです。

沖縄独立後に何が起きるか——シミュレーション①

石平　私が読み切れないのは、日本政治は中国にどう反応するかという点です。

百田　尖閣を奪われ、沖縄が独立したとなれば、さすがに「このままではあかん」と保守的な政権が生まれるだろうとは思います。しかし、その勢いはいつまでも続きません。中国は、揺れ戻しがくるタイミングを狙う。日本政治は選挙制度の問題で、国政選挙の結果が右と左に大きく揺れ動くのを中国はしっかり分析していますから、保守勢力が優勢となれば、中国はいろいろな形で揺さぶりをかけてくる。

石平　具体的に想定すると、沖縄独立を契機に衆議院選挙で保守候補が圧勝する。『カエルの楽園』に登場する〝プロメテウス〟の政権ですね。しかしそうなると、中国との関係は当然、厳しいものになります。

百田　中国はまず、経済的に揺さぶりをかけてくるでしょう。たとえば尖閣国有化後、それまで有効だった日本との貿易に関する契約を強引にひっくり返し、恫喝《どうかつ》をかけてきました。あの国には仁義も契約もありませんから。

石平　何かと理屈をつけて、日本の現地保有資産を差し押さえる。通関手続きを遅らせ、対日貿易を妨害する。二〇一〇年に電子材料に欠かせないレアアース（希土類《きどるい》）を禁輸したように、重要な物資の輸出を止める。日本製品の不買運動を起こす。外交・商業施設へのデモや焼き討ちをやらせる。第二次世界大戦時の賠償で企業を訴え、巨額の支払いを命じる。日本の在中国企業の許認可を遅らせ、取り消す。日本人駐在社員を逮捕する。日本の極右政権への一種の制裁措置として、様々な嫌がらせを試みるでしょう。

百田　悲鳴を上げた経済界は政治家に働きかけ、「何とかしてくれ」と泣きつく。「このままでは日本経済が立ち行かない、わが国は孤立する」と。中国は韓国やASEANなどの立場の弱い国々に働きかけて、アジアで日本が孤立する作戦をとってくると思いますね。日中関係が不穏《ふおん》になれば、日本が輸入する天然ガスや石油の価格が上がる。そうなれば、あらゆる物品の仕入れ原価も値上がりすると思います。

石平　なるほど、経済界が一番心配しているのはそこですね。

百田　そこで中国は例によって、アメとムチを使ってくるでしょう。一方で厳しく締め上げ、他方では融和の兆しをちらつかせて歩み寄りの可能性がある、とテレビや新聞で報道させる。両面作戦をとってくるはずです。

石平　たとえば、沖縄のハブ港湾施設や観光地を日本人にはノービザで、税制も優遇して日本企業と共同投資で開発しようと持ちかける。そうやって経済界を先頭にして世論を変えさせることができれば、次の衆議院選挙では保守政権が敗北して、対中融和を訴える政権が誕生するかもしれません。

百田　そのために、テレビと新聞を抑えにかかるでしょう。報道番組を使って中国は危険な敵ではない、むしろ平和を望んでいるんだと主張させる。

石平　テレビ、新聞は、対立を深刻化させたのは日本側のプロメテウス政権だ、中国を敵視して関係を悪化させた政権さえ変われば新しい展開が開ける、と期待させる。

百田　やはり庶民は自分の生活が大事ですから、いまの政権のままでは経済的打撃が大きい、中国と関係改善しないと景気が良くならない、と考えるように世論を誘導すると思います。

石平　日本国民は現実を受け入れざるを得ない、という論調になりますね。巨大中国を受け入れて生きていくしかないんだ、と。

百田　中国は法治国家ではなく、ルールはいつでも変更できますから、どんな脅しも可能です。日本を締め上げたあと、平和をちらつかせればいくらでも譲歩を引き出せ、主導権を握れる。

石平　中国は日本の保守政権に対して、かつて日中戦争の時、近衛内閣が「爾後《じご》（今後）国民政府（蔣介石政権）を対手《あいて》とせず」と宣言したのと逆のパターンをとるかもしれません。「反動勢力が政権の座に就いている限り、我々は日本を相手にしない」と。そうやって孤立させ、圧力を加えつつ、経済的にも軍事的にも、日本に対して一挙に優位に立つことのできる機会を待つのです。

沖縄の次は九州──シミュレーション②

石平　沖縄が独立し、中国の勢力下に入れば、日本は危機的な状況になりますね。

百田　日本人のなかには、もう沖縄はとられても仕方がないと思っている人がいるかもしれませんが、沖縄を奪われたら、日本の命運はほぼ中国の掌中に握られてしまいます。中国は二〇〇〇年代に入ってから、共産党の機関紙を使って繰り返し、琉球は日本に帰属しない、中国の領土だと主張してきました。そう簡単には「琉球回収」とはいかないだろうと思っていましたが、ここへきて動きを加速しているのが怖い。

二〇一六年五月二十日のワシントン・ポスト電子版で、米軍属による女性の殺人事件が報道されると、読者からのコメントとして、米軍基地を沖縄から全面撤退させろ、という書き込みがあったそうです。アメリカ人のなかにも撤退させればいい、という意見が出ている。そうした声が議会で多数派となれば、日米同盟は終わるでしょう。尖閣諸島のみならず、沖縄と南西諸島も中国の支配下に入ります。

石平　アメリカは日本を手放すでしょうか。

百田　その時、西太平洋の覇権がどうなっているか。中国は以前から太平洋を二分割して、ハワイから東をアメリカ、西を中国が統治することにしようとアメリカに持ちかけています。もし実現すれば、ハワイと中国の間のどこかに分割線が引かれる。グアムやサイパンが最前線になるのかもしれませんが、そうなれば日本やフィリピンは中国の支配圏に呑み込まれてしまいます。

石平　イギリスのＥＵ離脱やトランプ現象のように、世界全体が国家エゴ剝き出しの時代に突入していますから、ますます危ない。国際情勢も中国の侵略を助けています。

百田　アメリカもイギリスも、世界がどうなろうと自国さえよければいい、自分たちの道を歩むという潮流のなかで、誰が日本を守ってくれるでしょうか。中国との核戦争を恐れて、外国は見向きもしませんよ。そうなれば、日本の唯一の頼みは自衛隊です。

　中国が日本を占領するには、日米安保を破棄させる必要があります。大きな流れで見れば、日米安保は終焉《しゅうえん》の方向に向かっていることは間違いないでしょう。いまは市民運動のレベルで、日米間に楔《くさび》を打ち込み、信頼感をなくすよう一所懸命頑張っているところです。米軍基地が沖縄から全面撤退するか、尖閣や沖縄の危機に際してアメリカは何もできないということが明白になれば、南シナ海で起きたことが東シナ海でも、さらには九州の島々でも起こるようになる。

石平　沖縄独立を許した時点で、日米同盟は実質的に終わるということですね。九州に属する島に手を出しながら、日米安保の完全破棄を要求するかもしれませんが、すでに日米同盟は有名無実の存在になっていると。

百田　沖縄から米軍基地を撤退させたら、次に岩国、三沢など他の基地の縮小・撤退も要求するでしょうが、沖縄がとられたら九州は半分とられているようなもので、中国にしてみれば、あとは流れに任せるだけでいい。

石平　現実的な問題として、沖縄を奪ったら九州上陸までは楽でしょうね。ある意味、沖縄が日本を守る最後の砦《とりで》ということ。軍事的観点では、沖縄さえ奪えば、中国は九州、本州を侵略する足がかりを得たことになり、あとはどれくらい手間をかけるかという、時間の問題になります。

百田　前にも述べましたが、沖縄で起きていることは、何年後かの日本の本州、九州で起きることを先取りしていると私は見ています。反基地闘争、反米闘争が、いずれ本州の反自衛隊闘争、反基地闘争となって燃え上がる。沖縄で起きたことは、数年から十年ほどのタイムラグで、本州でも起きる可能性があります。

石平　米軍基地撤退に成功して、沖縄で失業した活動家が、さらに大規模な平和運動を本州各地で繰り広げるということですね。

シミュレーションしてみます。米軍を追い出して沖縄を独立させ、軍事基地を作ったら、東シナ海での中国の行動を妨げるものはもはやありません。

百田　すぐに九州へ手を伸ばしてくるでしょう。まず、いろいろな口実をつけて恫喝する。私は、活動家たちが九州の自衛隊基地が日中間の平和の障害だ、と主張するのではないかと思います。

石平　九州の自衛隊基地が戦争の危険をかえって高めている、もう中国には勝てないのだから、諦めて基地を退こうと主張する軍事専門家が登場するでしょう。

百田　中国はサラミスライス戦術ですから、いきなり一挙にではなく、少しずつ侵入し、領土を切り取ってくるのが常套《じょうとう》手段です。鹿屋《かのや》基地が危ないとか、佐世保の自衛隊基地のせいで両国の緊張が増していると批判する。さらに、奄美《あまみ》諸島も琉球に属すると主張して、トカラ列島と屋久島《やくしま》など大隅《おおすみ》諸島との間に境界を設定すべきだ、と言いがかりをつけてくる。ちょうど六月に情報収集艦を領海侵入させたのは、トカラ海峡以南は中国のものである、と暗に主張するデモンストレーションだったかもしれません。

石平　新たに領海の境界を引き直すよう要求してくる。

百田　奄美でもどんどん領海侵犯を繰り返して居座ることで、東シナ海の緊張を高めてくるでしょう。

石平　それで鹿児島の離島に武装漁民を派遣したり、無人島に上陸したりする。

百田　それと、いま辺野古《へのこ》でやっている米軍基地反対運動の矛先を自衛隊に向けて、鹿屋基地周辺に活動家を送り込む。基地のせいで戦争が近づいている、危険だと、日本の市民団体とマスコミを使って反対運動を盛り上げる。次は高江《たかえ》のヘリパッド建設現場で実力行使に出ているように、佐世保の自衛隊基地、島嶼《とうしょ》上陸部隊（西部方面普通科連隊）を後方に下げるよう要求してくるでしょう。そうやって、まず前線となった九州の自衛隊基地の縮小を要求していくと思います。

　要するに、今、沖縄の辺野古や高江で起こっている基地反対運動が鹿屋や佐世保で起きると思って間違いない。

石平　そうやって九州をカードにしてしまう。

百田　一つひとつ打撃を与え、縮小を要求して実績を積んでいく。まず言うだけ言ってみて、いけるとなれば少しずつ前進していく。日本と危機回避のための安全保障上の取り決めを結ぼうとか、相互に攻撃的兵器を撤収させましょう、といった交渉も仕掛けてくる。

石平　日本は絶対に戦争は避けたいから、そのたび譲歩する。中国は一歩ずつ来ます。

百田　いきなり自衛隊基地全廃と言えば、日本の世論も反発するでしょう。でも少しずつ整理縮小を要求すれば、仕方がない、ここは譲ろうか、でいつの間にかやられてしまうんです。

石平　もう一つ、九州への経済工作もあるでしょう。九州と沖縄を一体として自由貿易特区（フリートレードゾーン）にするとか、アジアからの人の往来を見据えたメディカルツーリズムや観光拠点など、新しい産業と貿易の拠点にするといったスローガンを展開していく。

百田　何より沖縄を奪取されると、日本にとって巨大な領海とEEZを失うだけでなく、石油や天然ガスが入ってくるシーレーンを押さえられてしまうことになります。東シナ海で中国が軍事的緊張を高めると、日本のタンカーが通りにくくなる。そのあたりが落としどころになるでしょう。原油価格が高騰し、石油が入ってこなくなる現実的な可能性が高くなれば、日本経済が持たない。企業活動を成り立たせるために軍事的緊張を緩和しよう、そのために中国の言うことを聞こうかという機運になる。

石平　そうやって日本が実力行使できないようにさせ、九州の防衛力が実質上ゼロに近づいていく。

百田　九州近海の制空権、制海権は中国に握られてしまいます。そうなれば、九州の人たちは中国の脅威をひしひしと感じて、いつやられるか、いつ中国軍が来るだろうかという恐怖感に駆られる。精神的に、もう半ば占領されたようなものです。

賠償請求と「詰めの一手」——シミュレーション③

百田　米軍が沖縄から撤退すれば、日米間の軍事的信頼感はほとんど失われます。そうなれば、中国の打つ手は広がります。経済的に揺さぶりをかけてもいいし、軍事的に少しずつ削っていってもいい。もうどうやっても勝てる将棋のようなものですから、好きな手を選ぶことができます。

石平　あとは消化試合のようなもので、攻める口実はいくらでもある。たとえば、巨額の賠償金を日本政府に要求してくることが考えられます。すでに江沢民《こうたくみん》政権時代から、日中戦争八年間の経済的損失額を口にするようになりました。二〇一四年の習近平の発言を引用すると、「日本軍国主義が起こした戦争による破壊と中国の資源、財産の略奪は、一九三七年当時の価格で計算して、中国の直接的経済損失が一千億ドル（十兆円）、間接的経済損失が五千億ドル（五十兆円）になる」と言っています。六千億ドルをよこせ、と言ってくるでしょう。

百田　第2章で話した、ラ・フォンテーヌ寓話の「オオカミはどんな理由でもつけてくる」を地で行きますね。

石平　中国は、沖縄で侵略をやめることはありません。確実に九州や本州にも手を伸ばしてきますが、そこに大した理由はないんです。弱くなれば蹂躙《じゅうりん》する。それが中国という国です。沖縄の米軍基地を失った日本は、まな板の上の鯉と同じだから、攻める理由はいくらでもこじつけられます。たとえば中国軍に被害が出たとか、あるいは中国人の誰かが日本右翼の排外主義者に襲われた、虐殺されたという事件を口実にして、要求をエスカレートさせればいい。日中戦争の発端となった盧溝橋《ろこうきょう》事件も、ソ連の意向を受けた中国共産党の劉少奇《りゅうしょうき》たちが画策し、日本軍に対して一発撃っただけで全面戦争に発展しました。軍事的緊張が高まった状況では、理由はどうにでも作り出せるわけです。

百田　戦前の話をすれば、中国は日本を全面戦争に引き入れたかった。華北や上海で日本軍が攻撃され、あるいは日本人を虐殺する挑発が繰り返されることで暴支膺懲《ぼうしようちよう》（中国をこらしめる）という世論が沸騰し、日中戦争の泥沼に入り込んでいきました。敵を中国大陸の奥深くまで引き込んでおいて戦争を長引かせるという戦略にまんまと嵌められた日本は、明確な中国政策や占領のビジョンもないまま、場当たり的にずるずると全面戦争に引き込まれていったわけです。

石平　日本はもともと、対中全面戦争をやるつもりはありませんでした。本気で侵略するつもりがあったら、もっとまともな計画を立てていたでしょう。

百田　日本人にしてみれば、ただ中国を謝らせたい、そんな思いだけだったのです。まともな善後策もないまま、南京さえ落とせば、という甘い考えで奥地へ誘導され、戦線を拡大してしまいました。蔣介石は、自分の政権さえ存続すれば自国民の被害など度外視で、国民の生命や財産を守ることなど考えていなかったから厄介です。現在の中国は蔣介石とは違って全面戦争を避けたいわけですが、説明責任がないことや自国民に対する人命軽視の価値観は変わっていません。

石平　話を現代に戻せば、いまの日本が相手なら、中国が企んでいるように、戦わずして勝つことが実際に不可能ではなくなってきています。沖縄本島や南西諸島を接収して軍事基地を作り、軍事バランスが圧倒的に中国に傾斜したタイミングで、自衛隊を有事の際にも動けなくする「詰めの一手」を打ってくるでしょう。

具体的には、鹿児島の離島や九州沿岸で、中国軍と自衛隊の軍事衝突を仕掛ける。至近距離ですから、そんなことは簡単にできます。戦前の盧溝橋や華北と同じですね。小規模な軍事衝突を起こしておいて、中国は自衛隊が軍事的挑発を行ったという口実をもとに、今度は日本との全面戦争に備えると宣言して準備にかかるでしょう。陸・海の人民解放軍全軍に動員命令を下して国防動員法を発令し、太平洋と日本海の両方に中国海軍を展開させる。空母も派遣して、小笠原沖の東京湾をうかがう海域に遊弋《ゆうよく》させる。同時に十万人以上いる在中国の日本人、日本企業のサラリーマンを出国禁止にして軟禁状態にする。切り札は「ロケット軍」と呼ばれる戦略ミサイル部隊です。ロケット軍に弾道ミサイル発射の準備をさせ、一部の軍人に、日本に対する核攻撃も一つの選択肢だと発言させる。要は日本に対して、全面戦争の恫喝と圧力をかけるわけです。これはあくまで脅しですが、そうやって日本に揺さぶりをかける。

百田　核ミサイルの脅しは大いにあり得ますね。もし日米安保が破棄されていたなら、アメリカの核報復はないわけですから、実際に地方都市に核ミサイルを撃ち込む可能性も絶対にないとは言えない。いざとなれば、中国はそれくらいのことはやりかねません。

石平　中国の言い分は、「日本には平和憲法があるのに、憲法九条に反して自衛隊を保持している。自衛隊はかつての大日本帝国陸軍と同様、アジアの平和の障害になった。平和を愛する中国国民と日本国民、双方の敵だ」。自衛隊だけを悪者にしたうえで、日本に対して最後通告をする。一カ月以内に憲法違反の自衛隊を解消して平和憲法を守り、中国と平和友好のための安全保障条約を結ぼう、と。

もし受け入れなければ、自衛隊による挑発への反撃として、一九七九年のベトナムに対する侵略戦争を「自衛戦争」と称したのと同様、中国は自衛のために、平和の敵、危険な自衛隊との戦争も辞さないと主張する。殺し文句は「平和か戦争かの選択を日本人民の良識に委《ゆだ》ねる」と言うでしょうね。これには絶大な揺さぶりの効果があって、日本国内では議論が沸騰する。

百田　いまでも日本国内には、自衛隊の解消を訴える政治勢力が健在ですし、市民活動家は本州でいつでも反自衛隊運動を展開できます。いまは沖縄だけが突出しているように日本人の目には映っているかもしれませんが、マスコミを使えば本州でも同じことが起こせる。それは秘密保護法や安保法制に反対するデモの盛り上がりで証明されています。中国は日本の国内世論を動かすよう、あらゆる工作をしてくるはずです。NHKや民放、新聞社などマスコミに潜り込ませている工作員を使う。NHKにはCCTV（中国中央電視台）の支局が入っていますし、朝日新聞には人民日報の支社が入っています。

中国側から見れば、石平さんのシミュレーションは非常に理に適《かな》っています。マスコミを使って日本の国民感情を煽れば、戦わずして勝つことが可能なんです。これは紀元前一四六年、二千年以上前のカルタゴの状況に似ています。

石平　それは、どういうことでしょうか。

百田　カルタゴはローマとポエニ戦争を三回戦い、最終的には負けました。第二次ポエニ戦争終結の時、ローマはカルタゴに対して完全武装解除を要求したんです（紀元前二〇二年）。当然、カルタゴ内では揉《も》めました。武装解除に反対の声もありましたが、平和のために、ローマと全面戦争するよりは武装解除しよう、と要求に応じたわけです。しかし武装解除が済んだあと、カルタゴはローマ軍によって全滅させられ、根絶やしにされました。紀元前一四九年から一四六年の第三次ポエニ戦争でまともに抵抗できないまま、男は虐殺、女は奴隷、そしてカルタゴの街は永久に人が住めないように燃やし尽くされ、草木の生えないよう塩まで撒《ま》かれて、その後、何百年も人の住めない土地となりました。

石平　ローマ帝国の地中海における覇権が確立し、飛躍することになった世界史的出来事ですね。中国共産党が好んで使う用語でいえば、統一戦線工作をローマはカルタゴに対して行った。つまり中国からすれば、日本の自衛隊以外の勢力はすべて統一戦線工作の対象になるわけです。与野党を問わず各政党、マスコミなどに、自衛隊を悪として武装解除するよう工作する。日本の人民にとっても敵である、と。「平和のために日本の自衛隊はなくさないといけない。しかも、その根拠として日本には平和憲法がある。我々は日本の平和憲法を尊重する。しかし、自衛隊というのは平和憲法に違反している。日本人民がこの問題を自ら解決しなければ、アジアの平和はあり得ない」というわけですが、この統一戦線工作の論理は、日本で本当に通じるでしょうか。

百田　通じます。もともと日本共産党は、日米安保破棄と米軍撤退のみならず、「国民の合意に基づいて自衛隊の解消に本格的に取り組む」ことを目標としてきました。自衛隊を縮小しつつ災害救助隊に改組するという案は、左派がしばしば唱えるものです。しかも自衛隊解消というのは、いま現在の沖縄で、議会、知事、プロ市民活動家が米軍を相手に展開している運動と同じ論理です。米軍は元々、日本と沖縄を守るために駐留しているにもかかわらず、彼らは沖縄人の敵だから追い出せ、しかも米軍の家族にまで「死ね！」と暴言を吐いて、県議会では与野党が一致して米海兵隊を追い出す決議を可決しました。

石平　沖縄の米軍基地のみならず、本州でも自衛隊の隊員が迷彩服を着て街を歩くと不安を感じる。自衛隊基地の飛行差し止めを訴えて提訴する、あちこちでそういう運動が展開されていますね。

百田　おそらく親中派の連中は、石平さんのシミュレーションどおり、自衛隊の存在こそ日本を危機に陥《おとし》れている、自衛隊基地のせいで自分たちが中国との戦争の危険に晒《さら》される、という運動を展開するでしょう。

石平　本来なら外国の侵略に対し、自衛隊が戦うことで日本を守れるわけですが、左派は、自衛隊が戦うからこそ中国と全面戦争になりかねない。戦うことをやめれば平和になる、といいます。こうした論理のすり替えはいつまで続くのでしょうか。このままでは、『カエルの楽園』とまったく同じ展開になってしまいます。私は、中国の最後通告を受けた日本のマスコミが「平和にＹＥＳ、戦争と自衛隊にＮＯ」という大キャンペーンで呼応するのではないか、と想像してしまいます。

百田　そのとおりですね。

石平　市民運動も、自衛隊が自分たちの平和的生存権を脅かしているというデモを展開するでしょうし、財界や在日中国人コミュニティも、日中友好と平和を訴える。もちろん、中国人は自衛隊をどうこうせよとは主張できませんが、日本政府に中国政府の要求を呑んで自制するよう要望することはできるでしょう。

今後、統一戦線工作を進展させたうえで、日本に対して全面戦争か自衛隊解消かという最後通告を行う時、日本人のなかに、産経新聞に代表される中国への警戒心や反感はどの程度残っているでしょうか。我々のような声が主流なのか、それとも、やはり戦争には反対だから中国の言い分を聞こうという声が「良識派」として主流になるのか。

百田　先ほども言いましたが、二〇一五年末、安保法制議決時のテレビ報道では、反対意見の放映時間が八九％、賛成意見は一一％にすぎませんでした。もしこのシミュレーションどおりになると、戦争反対が九五％くらいの放映時間を占め、中国との和平反対の意見は五％くらいになってしまうかもしれません。

石平　おそらくマスコミでは、自衛隊員の家族に向けて、自衛隊の解散、あるいは災害救助隊に改組しないとあなたの夫や子供が中国との戦争で死んでしまう、とテレビに隊員の親族やOBを登場させ、「自衛隊員の生命を救おう」というキャンペーンを始めるかもしれません。

百田　あるいは、いま沖縄の米軍車両の前に飛び出して動けなくしているように、自衛隊車両の通行を市民活動家が阻止して、市民レベルで自衛隊を止める実力行使に出るでしょう。

石平　しかもそこでは、自衛隊員の命を救え、自衛隊員の命が何よりも大事、という理屈をふりかざす。実際に社民党は二〇一五年の安保法制反対のキャンペーンで、集団的自衛権の行使は「自衛隊員の命を危険にさらす」と主張し、新聞広告も出しました。普段は自衛隊を軽蔑して「人殺しの訓練をしている」と差別している人たちが突然、自衛隊員の命が大事だと言い始めたのです。日本共産党員も小学校の通学路で「お父さんが帰ってこなくなる」と、自衛隊員の子供を脅して署名させる運動を平然とやっています。

百田　彼らはマスコミを使って「自衛隊員を殺させない」と言っていますね。

石平　自衛隊員を犠牲にしたくなければ自衛隊そのものを解消するしかない、と。これらはすべて現実に存在している議論で、我々の空想ではないんです。

百田　可能性のあるシミュレーションだと思います。日本にとって生きるか死ぬかの瀬戸際です。

石平　「カエルの悪夢」――平和憲法を守って、楽園が地獄と化すわけですね。

百田　すでに朝日新聞は何年も前から、国会の三分の二の議席を与党に取られ、憲法改正の発議がされることを想定して、国民投票で最終的にひっくり返そうという戦術に転換しました。国会発議までは仕方ないが、国民投票で憲法改正を食い止める。いまでも紙面に多くの文化人、映画俳優、サッカー選手、小説家など有名人を登場させて、九条は大事、戦争反対だと語らせています。情緒的に「九条を変えたら戦争になる」と、とにかくあらゆる機会を捉えて「戦争になる」と、日本の左翼はそれだけを繰り返してきました。

石平　殺し文句はそれだけですから。

百田　安保法制の時も、その前の特定秘密法案も、ＰＫＯ法も、湾岸戦争への協力も、安保条約改定でも同じ。彼らは常に「このままだと戦争になる」と、何十年も言い続けている。

石平　しかも日本では、その一言が絶大な効果を持っていますよね。

百田　ですから憲法改正に反対する理由も、集団的自衛権行使反対と同じ。結論はいつも同じで、日本の安全保障を真剣に検討することに反対。石平さんのシミュレーションどおり、中国と軍事衝突が起きれば、「いよいよ戦争になる！」の大キャンペーンが始まるでしょう。

石平　中国は、どう突けば日本の世論が敏感に反応するか、よくわかっています。大半の日本国民は「あとひと月で全面戦争になる」という脅しをかけられたら、どう思うでしょうか。おそらく、「戦争は避けるべきだ」という声が多数派になるのではないか、と私は思います。

百田　あともう一つ、石平さんのシミュレーションで語られていないのが、在日韓国・朝鮮人です。

石平　『カエルの楽園』の〝ピエール〟たちですか。

百田　北朝鮮のみならず、韓国も日本を仮想敵国としています。二〇〇五年、韓国政府は定例の安保協議会で、アメリカ政府に対して日本への核の傘を外し、仮想敵国と表現するよう要請して〝アホか〟と拒否された実例がある。つまり彼らの民族的潜在意識のなかに、いずれ日本と戦争して勝ちたいという悲願があって、もしこのシミュレーションどおりになれば、韓国は中国にすり寄って日本の領土を奪いたい。ですから中国と共同戦線を張って、もし日本が中国の要求を受け入れたら日本の一部を取ろうと画策するわけです。

石平　日本のなかに、在日外国人の多民族共生のための特別地域と称して、韓国・朝鮮人特別自治区を作るわけですね。

百田　日本のマスコミには在日が相当入り込んでいるので、彼らが「平和のための多民族共生キャンペーン」を開始するでしょう。日本人反日団体のみならず、日本国内にいる反日外国人の活動も多種多様で、日本人のフリをして反日活動をしている人も数多くいます。

石平　「民主主義は少数派の意見を尊重すべき」だ、少数派在日外国人の総意として「我々には日本に住む権利がある。そして我々には日本の戦争に巻き込まれない権利もある。戦前に逆戻りするのか」という主張を持ち出してくるでしょう。日本が勝手に戦争するのは我々への人権侵害だ、と。

百田　めちゃくちゃな話ですが、石平さんが先に触れた二〇一六年六月九日の、大阪の市民団体訴訟はまさにその、安保法制のせいで平和的生存権を脅かされる、という理屈で行われています。

石平 そうなると、多民族自治区は大阪にできるかもしれません。あるいは九州の一部。とにかく最後通告の一カ月間のうちに、『カエルの楽園』で三戒を維持するか放棄するか、カエルたち全員の投票で決めたように、自衛隊を解消するかどうかの国民投票が行われる可能性がありますね。イギリスのEU離脱の国民投票と同じように、憲法九条を守って自衛隊を解散するか、国民の間で賛否が二分されて「戦わない」という選択肢を選ぶ。

百田 その可能性は多いにありますね。

石平 最悪のシナリオです。

日本占領——シミュレーション④

百田 そこまで行く可能性があるにもかかわらず、朝日新聞はいまだに「留学生の交流を増やしたい」などと書き、そうすれば日中間は平和になるという。とんでもないことです。

石平　はっきり言って、もし中国と日本が戦争になった時、日本に留学中の、あるいは留学経験のある中国人は、先頭に立って日本人を殺さなくてはいけません。さもなければ、自分が日本のスパイや手先の疑いをかけられてしまいます。そんな国を相手に、留学生の交流で問題が解決できるわけがない。

百田　それに、中国には二〇一〇年から施行された「国防動員法」がありますね。いざ戦争になれば、外国にいる中国人も中国政府の指令に従って活動しなければならないという怖ろしい法律です。

石平　たとえば沖縄を独立させた中国が、本州や九州に対して軍事作戦を実施し、戦争状態に突入するとしましょう。その時、国防動員法に基づいて、在日中国人が東京で何を起こすか。ひとつ想像できるのは、多くの中国人が日本の左翼や平和主義者と手を組んで、国会や総理官邸、防衛省を「人間の鎖」で包囲し、「戦争反対」と叫ぶ。戦争の決断を下す前から首都は大混乱になります。当然、日本の警察はデモ隊を逮捕、排除するでしょうが、そうなれば中国人同胞の保護という大義名分で、中国はますます介入してくるでしょう。中国人の犠牲者、もう一人の樺美智子《かんばみちこ》を作り出そうとしますね。

百田　六〇年安保闘争のときに機動隊との衝突で亡くなった女子大生ですね。「悲劇のヒロイン」とされ、闘争の象徴とされました。

ところで、「国防動員法」に先がけて、二〇〇八年四月、長野県で聖火リレー事件があり、中国政府による留学生動員の実態がわかりました。数十名のチベット問題抗議デモを阻止しようと、中国大使館が手配したバスで四千人の中国人を送り込み、聖火リレーの沿道を中国国旗で占拠し、日本人にも暴行を加え、数十人の負傷者が出ました。日本の警察は現場で暴行を目撃していたにもかかわらず、なぜか日本人だけを逮捕した。当時の福田康夫総理は、「中国人を絶対に逮捕するな」と言ったそうです。中国人の暴力で無法状態となった長野県の事件について、マスコミは実態をほとんど報じませんでした。

今は前述の「国防動員法」があるので、中国人の行動はさらに怖ろしいものになります。

石平　中国が日本に軍事介入する時、同時に東京で騒乱状態を起こすでしょうね。平和運動や原因不明のテロ事件などを同時多発的に起こし、東京の公官庁の機能を麻痺《まひ》させる。労組や平和運動の日本人活動家も多数動員されるはずです。彼らはいま沖縄にいますが、国会や総理官邸を包囲するデモを、自然発生を装って次第に大規模化させ、軍事介入の呼び水にするかもしれません。

そのために、金融やインフラへの攻撃を実行するかもしれません。大量の資金を動かし日本の金融・為替市場を暴落させた上で、事前にシステムに潜ませたコンピュータウイルスを起動させながら、ハッカー部隊の攻撃で日本中の電力網、交通、金融取引、通信網、マスコミ報道をまひ状態にして、政府を機能不全に追い込み、テロによる社会混乱や街頭の騒乱と組み合わせる可能性もあります。

本書のシミュレーションどおりに日米同盟が終焉し、米軍が沖縄のみならず本州からも撤退する。九州にも中国軍が迫ってくる。中国は戦争の脅しで自衛隊の解消を迫り、国民投票によって労せずして自衛隊を無力化する。日中安保条約が結ばれて自衛隊が解体され、全国の軍事施設が閉鎖される、レーダーサイトも閉鎖される、日本の空や海を監視し、防衛する手段が奪われる。さらにシミュレーションすれば、二〇XX年十二月十三日未明、この日は一九三七年に大日本帝国軍が南京に入城した日ですが、中国人民解放軍の空挺部隊が成田空港と羽田空港を奇襲し、管制塔を制圧すると、沖縄や中国本土発の大型輸送機に乗せられた人民解放軍の装甲車の大部隊が次々に空輸され、送り込まれてくるでしょう。

一九六八年八月、チェコスロバキアの首都・プラハで起きた民主化運動に介入したソ連軍は、一夜にしてチェコ全土を占領したことがあります（チェコ事件）。

「人間の顔をした社会主義」を求めた「プラハの春」と呼ばれる改革運動を、ソ連は許さなかった。ソ連軍を主力とするワルシャワ条約機構軍が国境付近で軍事演習を行いつつ、一挙に侵攻、市民が朝起きて気がついたら街中に戦車がいて、制圧されていたという事件です。

チェコ事件型の東京制圧作戦もあり得ます。国会、総理官邸、警視庁、もちろんNHK、民放のテレビ局、ラジオ局、NTTなどを押さえて一切の通信、外信を禁止。ネットは繋がらず、マスメディアは「モルダウ」（チェコ国歌）ならぬ「君が代」しか流さない。翌日、中国政府が声明を発表して、自衛隊解散の履行状況の監視とか、日本の軍国主義勢力を一掃するために中国軍は一時的に進駐する、と報道官が述べる。任務完成すれば完全撤退すると、もちろんウソですが述べておく。同じ十二月十三日、九州には人民解放軍の揚陸《ようりく》部隊が上陸して、福岡あたりで兵団を作ってから、機甲部隊が九州自動車道から一挙に中国自動車道、名神、東名、東北に侵攻する。日本の各都市は高速道路で直結していますから、日本の軍事制圧はあっという間に完成です。

百田　国民投票で自衛隊を無力化した時点で、いつでも侵攻できますし、日本人はどうすることもできません。警察では防ぎようがない。堂々と軍隊がやってきて、国会が乗っ取られて、日本の政権が日中安保条約に反する敵対的な策動をしたというでっち上げで新政府が組織される。

石平　反中工作を企んだという偽の罪を着せるわけですね。あとになって、実は日本政府の要請があったから中国軍は介入した、と主張するかもしれません。

百田　日本政府も中国の介入に合意した、と世界に宣伝する。とにかく自衛隊がなくなれば、中国は堂々とやって来る。世界は中国を非難するだけで終わりです。日本を助けるために動く国はどこにもありません。

石平　国際社会は、中国を批判することしかできません。

百田　こういうシミュレーションをすると、日本人は能天気だから、そんなことをすれば世界が黙っていない、国連や世界の主要国はそんな暴挙を許さない、といいます。でも世界は、チベット、ウイグルへの武力侵攻と虐殺を見ていましたが、非難しただけで本当に止めようとはしませんでした。これが世界史の事実です。戦乱に伴う残虐行為を世界は非難するけれども、止めることはできないのです。

石平　立場を変えて考えてみればいい。日本政府も日本人も、チベットの虐殺を批判するだけで、本気で止めようとはしていないでしょう。それと同じことです。

百田　日米安保がなければ、日本のために中国を抑えようとしてくれる国などありません。

石平　そもそも中国政府は国際社会の非難など、意に介しません。たとえば、南シナ海をめぐるフィリピンとの係争問題で二〇一六年七月、国際仲裁裁判所は中国の九段線の主張を「根拠がない」と全面的に退ける裁定を下しましたが、中国政府は一切無視しています。「裁定は紙屑であり、受け入れない」の一言で終わり。中国にとっての真実は、力だけですから。

百田　国際社会の評判なんて、どうでもいいですからね。ウクライナやクリミア半島で起きたことが東アジアでも起きるでしょう。

石平　習近平がもっとも心酔している国家リーダーがプーチンです。習近平はプーチンの先例に続いて、力で国境線を変更したい。核兵器さえあれば、欧米は非難するだけで手を出せないということが、ウクライナで実証されたわけです。

百田　そのとおりです。自衛隊の解体に成功すれば、いつでも東京や大阪を占領しにやって来るでしょう。日本人が「あっ」と驚いている間に、何もできずに終わりますよ。

石平　昔と違って、現代の軍事行動は短時間で展開が完了してしまいますから。

百田　あとはテレビ局を乗っ取られたら終わりです。中国に対する一切の批判的な報道を封じればいい。

すべての「反中勢力」の肉体的消滅と徹底的な経済搾取

百田　そのあとは、反中分子たちの一斉逮捕でしょう。

石平　第４章でも触れましたが、毛沢東は政権を取ってからわずか一年の間に、反革命分子鎮圧運動で七十一万人を殺しました。これは共産党が業績として公表した数字です。地方の名士、経済人、有力者、国民党政権時代の代表的な人物を全員捕まえて、人民裁判で二時間に三百人の死刑を言い渡す。こうして前政権時代のエリートを肉体的に一掃しました。これが共産党のやり方です。

百田　自国民も容赦なく一掃するわけですから、異民族の抹殺に躊躇《ちゅうちょ》はありません。すでに日本人の協力者や反中人士の名簿も作成している。百田先生は粛清すべき文化人の上位十名以内に入っているでしょう（笑）。私はずっと下かもわからないけれども、おそらく入っている。

日本を占領したら、すぐ粛清に着手します。最近話題の日本会議のメンバーも、反革命の総本山に指定されて一斉逮捕。産経新聞も発行中止を命じられて、ほとんどの幹部が逮捕され、会社は解散です。敵対勢力を粛清しなければ日本は平和にならない、という理屈です。

さらに、軍事衝突の賠償という名目で、日本政府から搾取するでしょう。日本国民は重税に苦しめられ、財産を合法的に中国政府に奪われることになります。

百田 そうなれば、日本国の存続は怪しくなりますね。

石平 日本を占領したら徹底的に搾取するのは、中国経済が崩壊していくなかで、共産党政権を延命させる最後の手段だからです。私が心配しているのは、皇室をどうするかです。処刑するかはわかりませんが、皇室は廃止、靖國神社は焼かれ、神道は禁止。武道も禁止して、学校では共産主義教育が始まるでしょう。しかし、共産主義思想を教えるのはそれほど難しくありません。日教組をそのまま使えばいいし、日本の大学の先生たちはいままでどおり、反日的な研究をしていればいい。

マスコミもいままでどおり、中国を批判せず、日本の七十五年前の戦争責任を追及して、アジア太平洋地域に悲惨な被害を与え、戦争犯罪を重ねた愚かな国だったという番組を作り続けていれば、中国の占領下でも生き延びていけます。戦後日本の教育とマスコミのあり方は、中国の占領後にも、怖いほどそのまま適合してしまう。

アメリカの占領政策は、指導層の戦争犯罪を除いて公職追放を基本としていましたが、中国の占領政策は、粛清によって物理的・肉体的に消滅させるという大きな違いがあります。

百田　日本人にとって「国破れて山河あり」というのが常識ですが、甘い幻想にすぎません。七十五年前のアメリカ人と中国人はまったく違います。しかも、第二次世界大戦では神風特攻隊でアメリカ人を震撼させ、日本人は追い詰められると何をするかわからないと思わせたのが大きかった。前にも言いましたが、戦後の日本人を守ってくれたのが、神風特攻隊員たちや、硫黄島やペリリュー島で玉砕した兵士たちだったのです。しかし七十五年以上経った今、そんな勇敢な日本兵がいたことなど誰も覚えていません。中国人たちが日本人を恐れる理由がありません。

石平　中国の占領政策がアメリカと根本的に違う点は、共産党支配ということです。アメリカは西洋文明に基づく民主主義や基本的人権など、西側的な価値観を日本に教え込み、移植しようとした。アメリカの占領計画が重点を置いたのは、日本人ではなく、日本精神を徹底して殺すことです。

しかも、天皇制を残すことは真っ先に決めていました。あれほど抵抗した日本人を治めるには天皇を残さなければ何をするかわからない、全国が混乱に陥ると思ったわけです。しかし現在の中国にしてみれば、まともに抵抗しない日本人に怖さは感じません。皇室をどうするか、中国にとって大した意味はないんです。

百田　その時の気分次第ということですね。

石平　さらにアメリカと違うのは、前述したように、中国の歴史上、平和的占領という考え方がそもそもないことです。それは漢民族の内戦でも、対外戦争でも同じ。日本人やアメリカ人には、同時代の中国人がチベットで行ったような残虐行為はできません。

百田　第4章でも言いましたが、中国人は昔から残酷な殺し方をする。

石平　それは悲しいですが、民族の伝統なのです。日本を占領すれば、伝統に従って殺すのを止める力がなくなりますし、逆に中国人は南京大虐殺の復讐として東京大虐殺をやりたいわけですから、日本人への弾圧、虐殺を躊躇《ためら》う理由が何もない。

百田　南京事件などの虚偽の宣伝を信じて、日中戦争の恨みを晴らしたいという思いがある。

石平　日本が外国に占領された経験は、アメリカ軍による一度きりです。降伏した日本の庶民に農地を解放し、仕事や法秩序を与え、平和憲法を強要しました。しかし、中国の占領はまったく違うものになるでしょう。いまのチベット、ウイグルを見ればわかります。日本の水資源を奪う。経済資源、資本やお金を奪う。競争力のある企業を手に入れて、技術力を奪う。

大企業の技術者、あるいは大阪や愛知、東京・下町のスーパー中小企業を接収する。技術を持たない男たち、中国の役に立たない庶民は、殺されはしないけれど、中国の辺《へん》鄙《ぴ》なところに連れて行って労働させる。技術がある者は、中国人上司を日本に送り込んで働かせる、日本女性はその中国人上司と結婚させる。第3章でも触れましたが、一人っ子政策の結果、男女バランスが崩れて三千四百万人の男が結婚相手にあぶれています。そこで三千四百万人の日本の若い男を殺すか、中国に移住させ、その分、中国の男を日本に送り込む。いまの日本は幸せですよ、子供を産むのは自由ですから。国家のために産めと言われたら、日本の女性は反発します。戦前じゃあるまいし、と。しかし、国家がなくなったらどうなるでしょうか。日本人は国家よりも人権や個人の自由が大事だと信じていますが、しかし侵略され、国を失った民族の人権は誰も守ってくれません。中国人に占領されたら、日本人は奴隷に甘んじなくてはならないのです。

百田　チベット、ウイグル、モンゴルの人の境遇と同じになるか、もっとひどい扱いかもしれない。

石平　それでも生き残る日本人はいるでしょう。共産党に入党して、苗字も一文字に変えて中国風にし、中国語を操ってうまく生き延びる。いまマスコミで活躍している反日文化人のなかには、そうやって転身を図る人が続出するでしょう。

日本人の奴隷化と強制移住

百田　繰り返しになりますが、日本を支配した際に、中国人は日本人への恨みの感情を爆発させる可能性が非常に高いと思います。日本人は国内でそんな目に遭った経験がないので想像だにしていませんが、世界の歴史を見れば山ほど前例があります。たとえばソ連では、スターリン時代から戦後にかけて、少数民族がいくつ消えたかわからないと指摘されています。そして中国もいま、チベットやウイグルで民族浄化、もしくは民族断種、消滅計画を実行しています。中国人と結婚させたり、あるいは民族を小さく分けてバラバラに住まわせる。

石平　そうです。スターリンのやり方ですね。

百田　少数民族を一気に消滅させるのではなく、百人単位に分けて、ソ連中にバラバラに移住させました。そうすれば言葉を失い、民族のアイデンティティや文化的風習も喪失していき、五十年も経たないうちに民族意識は消えてしまいます。

石平　中国も日本に対して、その手でくるかもしれません。

百田　すでにその前段階に入っていると感じるのは、北海道や富士山の近くの水資源が豊富な土地を、中国人がたくさん購入していることです。水不足に悩む中国へ、日本の水を輸出する以外にも、いずれ日本の地方自治体を中国人の街にする。戦争に訴えなくても、地方参政権で街そのものを乗っ取ってしまおうという狙いがある。水利権まで買っているわけですから、日本人は完全に手出しできなくなります。日本では移民をどのくらい増やすか議論していますが、ビザの規制を緩めて中国人が日本に大量に入植してくれば、日本国内に中国人の小国家、飛び地がたくさんできてしまうことになるのです。

石平　日本は人口密度が高いので、中国は効率的な占領統治政策を工夫するでしょう。ひとつは、日本人を中国の一番貧しい荒漠《こうばく》地帯に分けて移住させる。「もう大中華の一部なのだから、中国西部の開発を支援せよ」と。その一方で、中国人を日本人の上司として移住させる。先ほど述べた、日本人女性との結婚促進です。表向きは「日中最大の友好事業」となるでしょう。中国の結婚にあぶれた男が日本女性と結婚できれば、まさに世紀の友好ですよ。

そうなった時、日本国民は理解するはずです。百田先生の言っていたこと、『カエルの楽園』に書かれていたことは本当だった。平和憲法は何の役にも立たない。日米同盟や自衛隊こそ大事だった、と。しかし、そう実感したときはもう遅い。

国防の大切さ、国を守るために戦わなくてはいけない場合がある。そういう当たり前の道理を日本国民、『カエルの楽園』の〝ローラ〟のような普通の人々がわかるようになったら、もう手遅れになっている。逆に言えば、日本という国が滅亡することで安全保障の鉄則を証明してしまうというのが、日本人の抱える大きなジレンマだと思います。

百田　何がなんでも戦争反対、と言っていた人たちが、中国人から感謝されずに殴り殺される。あるいは自分の娘が目の前で犯される羽目《はめ》になって、初めてわかるんです。自分たちは間違っていた、と。それでは遅すぎる。

こうなってはいけないということに、何としても目覚めてもらいたい。踏み留まるならいまが運命の分かれ道ですよ。ここで流れを食い止められれば、手遅れにならずに済みます。

石平　先ほど引用した「中国より安倍さんが怖いです」という『女性自身』の記事の問題はここです。中国が安倍さんよりも何倍も怖いと本当にわかったとき、『女性自身』の記者は「中国が怖い」などと絶対に書けません。書いたら殺されますから、いままでどおり、中国は怖くない、日本が悪いと書き続けるしかないのです。

待ち受けている地獄

百田　昔、イザヤ・ベンダサンが『日本人とユダヤ人』という本のなかで、「日本人は水と安全はタダだと思っている」という名言を残しました。もっとも、この本の本当の著者は山本七平《しちへい》氏と言われていますが。

石平　中国人とはまさしく正反対の思考ですね。

百田　中国人は、水と安全を求めてあれほど必死になって外に進出していますが、日本人は水と安全はただで手に入るのが当たり前だと思っている。世界の多くの国々も、水と安全を求めて必死に争っています。争いに敗れ、この二千年の間に滅んだ国や民族が世界中にどれだけたくさんあるか。二十世紀以降にも数多くあるし、日本という国も消滅へのカウントダウンが見えてきた。

石平　日本がいままで滅亡しなかった理由は、海に隔《へだ》てられ、大陸と陸続きではなかった幸運が大きい。しかもかつての中華帝国は、例外的な一時期を除いて、海洋進出に関心がありませんでした。しかし現在の中華帝国は、内部の矛盾を逸らすために、国家の存亡をかけて海洋進出を優先させているのです。

百田　チベットも体裁上は、十七か条協定で平和的に、一国二制度を装って併合しました。中国人の狡猾《こうかつ》な怖ろしさをマスコミはもっと伝えるべきですよ。南シナ海で、ベトナムの島、フィリピンの島をどうやって奪い、軍事基地化していったか。そして尖閣での侵略行動のエスカレートを我々はつぶさに目撃してきました。それなのに、脅威は安倍首相や米軍だと言い続ける。

二十年、三十年後から二〇一六年頃の日本を振り返れば、「どうしてあの時、日本人はボーッとしていたんだろう！」と嘆くのではないでしょうか。

石平　しかし、その時にはもう遅すぎます。

百田　第二次世界大戦の直前がそんな感じでした。現在なら「なぜヒトラーをこの時に止めなかったんだ」と多くの人が思うけれども、当時の英国首相のチェンバレンや他の主要国首脳も、ひたすら我慢すれば何とかなると思っていた。特に一九三八年、ヒトラーがチェコのズデーテン地方を併合した時、英仏はチェコの危機に目をつぶってしまいました。あの時、フランスとイギリスが一気に軍事力を行使していれば、ヒトラーの野望は潰《つい》え、政権はやがて崩壊したかもしれない。

そもそも第二次世界大戦の直前まで、ヨーロッパの人たちは誰も大戦争が起こるなんて思っていなかったわけです。チェコさえ見捨てれば戦争を回避できる、小国に泣いてもらえば平和が戻ると思い、ドイツの横暴に抗議するだけで誰も止めようとしませんでした。その結果、さらなる悲劇、ヨーロッパ中が火の海と化す大戦争になってしまった。そして何千万人という命が失われました。現在の中国をめぐる東アジアの状況は、当時のドイツをめぐるヨーロッパの状況と似ています。

石平　問題は、そういう先例があるのに、わが日本国の人々が歴史から何も学んでいないことです。

百田　そう。第二次世界大戦に至った経緯から学べるし、近年の中国の動きを見れば、歴史の先例に照らしておかしいと気づくはずなのに、なぜか中国の脅威を見ようとしないから困るのです。

石平　日本人の意識は〝デイブレイク〟、テレビの影響を陰に陽に受けていますから、「おかしい」と思わなければいつまでもそのまま。でも『カエルの楽園』を読んで、日本の中国報道はおかしい、と感じるようになった読者は多いでしょう。それがすべての始りです。一度おかしいと思えば、次々におかしなことが見つかる。たとえばテレビだけでなく、国会議員が国防を語らないのは変だという意識の変化に繋がれば、政治家も変わっていかざるを得ない。その積み重ねが日本を変えていくんです。

本書で対談してきた最悪のシナリオを避ける根本的な問題解決としては、憲法改正があります。『カエルの楽園』でいう三戒。日本が生き残るために、最大の障害となっている憲法を変えられるかどうか。

百田　重要ですね。いままでも憲法九条は現実と矛盾した存在でしたが、冷戦構造のおかげで放置しておいてもよかった。しかし、中国は過去二十年間の極端な変貌によって、日本の存続を脅かす恐ろしい国家に成長しました。しかも、その怪物を育てたのも、ある意味では日本です。六兆円ものＯＤＡ（政府開発援助）と経済界の支援、たくさんの